KB266868

예술로 보는 기후 이야기

예술로 보는 기후 이야기

예술로 보는 기후 이야기

기후가 빚어낸 예술의 세계

유성운 지음

메디치

이집트, 미케네(그리스), 히타이트, 바빌로니아, 페니키아… 지중해를 무대로 후기 청동기 문명을 찬란하게 빛낸 문명들입니다. 이들이 제작한 문자와 건축물, 도자기 등은 지금도 경탄을 자아낼 만큼 높은 수준을 자랑하고, 후세 인류에게도 많은 영향을 끼쳤습니다.

하지만 이들이 쌓아 올린 금자탑은 기원전 12세기, 순식간에 막을 내리게 됩니다. 누구도 예상하지 못한 시점에, 예상하지 못한 전개였습니다. 이들이 급작스럽게 역사의 무대 뒤편으로 사라지게 된 요인들을 훗날 학자들은 이렇게 열거합니다. 공급망의 붕괴, 경제 위기, 전쟁, 인프라 파괴, 치안 붕괴, 각자도생의 시대… 마치 이 글을 쓰고 있는 2026년 4월 현재의 국제 정세를 보는 듯합니다.

지중해 청동기 문명의 균열은 청동을 만들 때 반드시 필요한 '주석'이라는 핵심 소재의 공급망이 뒤틀리면서 비롯됐습니다. 이로 인해 촉발된 경제 갈등은 정치적 충돌로 악화하며 찬란했던 지중해 청동기 문명을 지도에서 지워버린 것이죠.

이때의 충격은 구전으로 전해지다가 기원전 8세기 그리

스 시인 호메로스가 《일리아드》와 《오디세이》라는 서사시를 통해 그 일부를 기록으로 남겼습니다. 이 작품은 오랜 세월 동안 문인文人뿐 아니라 역사학자와 고고학자들에게도 많은 영감을 주었고, 급기야 독일의 아마추어 고고학자 슐리만은 트로이를 직접 발굴해 이 이야기가 단순히 전설이 아니었다는 것을 드러냈습니다. 이런 과정을 통해 당시 고도의 문명을 이룩했던 인류가 어떤 상황에 처했는지에 대한 퍼즐이 상당수 맞춰지게 된 것이죠.

하지만 호메로스도 슐리만도 미처 찾을 수 없었던 퍼즐 조각이 있었으니, 바로 '기후'입니다. 그도 그럴 것이 수천 년 전의 기후를 복원해 읽어내는 '고기후학'은 비교적 최근에야 정교해진 분야이기 때문입니다. 우리는 이제 빙하 코어, 나이테, 호수 퇴적물 같은 단서를 통해 당시 사람들이 느꼈던 기후의 속살을 들여다볼 수 있게 되었습니다.

기후에 대한 이해가 커지면서 우리는 당대 예술가들이 작품에 남기고자 했던 메시지, 아니 어쩌면 그들조차 알아채지 못했던 시대의 퍼즐을 보다 선명하게 맞춰나갈 수 있게 됐습니다.

이 책의 제목은 《예술로 보는 기후 이야기》입니다. 제목에 걸맞게 이 책은 소설, 그림부터 애니메이션, 게임에 이르기까지 인류가 남긴 풍부한 문화 속에 숨겨진 기후의 잔상들을 추적해 가는 과정을 들려줍니다. 예컨대 17세기 네덜란드 화가들의 그림 속에는 유독 눈과 얼음 속에서 활동하는 사람들의 모습이 많이 담겨 있습니다. 그것은 그 시기가 인류를 얼어붙게 만든 소빙기였기 때문입니다. 우리는 이 책을 통해 17세기 네덜란드 화가들과 수만 년 전 동굴 속에서 동물 그림과 조각상을 만들던 고대인들의 상황이 다르지 않다는 것을 알게 될 것입니다.

또한 주유, 여몽 같은 오나라의 도독들은 왜 요절했는지(《삼국지》), 중세 고딕 양식은 왜 뾰족뾰족해졌는지(《노트르담 드 파리》), 최초의 기후 난민은 누구였는지(《구약성서》), 한국 고대 국가의 주인공들은 왜 북쪽에서 내려왔는지(《삼국사기》), 라 만차의 노인은 왜 양 떼와 싸웠는지(《돈키호테》) 등을 기후라는 단서를 통해 추적할 것입니다.

쉽지 않은 도전을 격려하고, 응원해준 메디치미디어 김현종 대표님을 비롯해 원고의 첫 출발부터 마무리 과정까지 함께해준 김수진 대리님, 그리고 그 외 메디치미디어 식구들께 진심으로 감사의 말씀을 드립니다.

또 기후에 대한 이해의 폭을 넓혀주신 박정재 서울대 지리학과 교수님께도 고개 숙여 감사드립니다.

마지막으로 월 1만 원 남짓이면 OTT에서 재밌는 콘텐츠를 원 없이 골라볼 수 있는 이 시대에 기꺼이 거금을 내고 책을 사서 읽어주시는 독자분들께도 무한한 감사드립니다.

2026년 4월
유성운

3장 위기를 돌파하는 힘:
기술로 극복한 기후의 한계

1장

적응과 번영의 풍경

기후가 빚어낸 문화와 일상

사라진 코끼리가 남긴 문자

춘추

춘추春秋 시대는 중국 역사에서 기원전 770년부터 기원전 476년까지 300년가량 이어진 시기를 가리킵니다. 수백 개의 나라가 난립하는 혼란 속에서 공자와 노자 같은 사상가들이 나타난 시대로 알려져 있습니다. 특이한 것은 이 시대를 부르는 명칭입니다. 주周나라의 천자를 받들었다고는 하지만, 명목뿐이었으니 후대의 한漢·당唐·송宋·명明처럼 왕조 이름을 붙이지 않은 것은 이해가 되지만, 그렇다고 5호 16국이나 5대 10국 같은 명칭을 붙인 것도 아니기 때문입니다.

'춘추'는 글자 그대로 '봄과 가을'입니다. 서양에서도 'Spring and Autumn Period'로 번역해 쓰고 있습니다. 이유는 간단합니다. 공자가 이 시대를 다룬 역사책 제목이 《춘추春秋》이기 때문입니다. 그래서 춘春이라는 나라도, 추秋라는 나라도 없었던 이 시대는 춘추 시대가 됐습니다.

참고로 《춘추》는 현존하는 가장 오래된 동아시아의 역사서이기도 합니다. 더 이전에 나온 역사서가 있을지도 모르지만, 지금까지 발견된 것은 없습니다. 그 외엔 거북이의 등껍질이나 동물 뼈에 점괘와 주요 정치적 사건 등을 단편적으로 기

1장 적응과 번영의 풍경

록한 것이 발견됐을 뿐입니다. 이를 '갑골문甲骨文'이라고 하는데, 한자의 원형입니다.

'봄과 가을'이라니, 낭만적으로 느껴지기도 합니다. 혼란하기 이를 데 없었던 이 시대를 공자는 왜 '춘추'라고 이름 붙였을까요. 이는 그 옛날에도 호기심을 자극했던 모양입니다. 한나라 때 유학자 곡량적穀梁赤은 《춘추》를 해설한 《곡량전穀梁傳》을 쓰면서, "춘은 생장, 추는 수렴과 심판의 뜻"이라고 해석했습니다. 다시 말해 만물이 생동하기 시작하는 봄과 곡식을 수확하는 가을을 역사의 인과성에 빗대어 썼다는 것이죠. 여기에는 유학儒學의 시선이 반영되어 있습니다.

　　유학자들에게 있는 그대로의 사실事實, 그러니까 역사의 '팩트Fact' 자체는 의미가 없습니다. 왜냐하면 후세 사람들은 역사를 통해 교훈을 얻어야 한다고 생각했기 때문입니다. 특히 군주는 역사를 통해 '해야 할 것'과 '하지 말아야 할 것'에 대해 배워야 했습니다. 예컨대 군주가 도덕 정치를 펼치면 풍년이 들면서 태평성대가 이어지고, 패륜을 일삼으면 정치가 어지럽고 기후도 불순해져 흉년이 온다는 식입니다. 이런 유학적 시각에서 볼 때, 곡량적의 해석은 그럴듯했기 때문에 오랫동안 많은 학자가 이를 인용했습니다.

하지만 현대에 들어와 이런 해석에 대해 반기를 드는 움직임이 일기 시작했습니다. 무엇보다 고고학·기후학·문헌학 등이 발달하면서 학자들은 《춘추》라는 제목에 고대 기후의 '열쇠'

사라진 코끼리가 남긴 문자 – 춘추

가 숨어 있다는 것을 알게 됐습니다. 실마리는 '豫예'라는 한자에서 찾을 수 있습니다.

豫에 감춰진 고대 기후의 비밀

중국에서는 각 성省을 한 글자로 줄여서 표기합니다. 예를 들어 중국의 고도, 서안西安(시안)이 있는 섬서성陝西省(산시성)은 섬陝, '칭따오青島' 맥주의 본고장 산동성山東省(산둥성)은 노魯로 적습니다. 섬陝은 '언덕 사이에 끼어 있는 골짜기'라는 뜻에 걸맞은 섬서성의 지형에서, 노魯는 춘추 시대 산동성에 있었던 노나라에서 따온 것입니다. 노나라는 공자가 태어나 활동한 곳이기도 합니다.

　豫예는 하남성河南省(허난성)을 일컫습니다. 고대 중국에서 이곳을 예주豫州라고 불렀습니다. 그런데 豫라는 한자를 자세히 뜯어보면 재미있는 사실을 발견할 수 있습니다. 豫는 象(코끼리 상)과 予(줄 여)가 결합한 한자입니다. '먼저', '앞서'라는 의미를 갖고 있습니다. 어떤 일을 미리 생각한다는 의미의 '예상豫想'이라는 단어가 대표적입니다. 코끼리는 의심이 많은 동물이기에 행동하기 전 반드시 먼저 생각을 한다는 특성이 있어서 그렇다고 합니다. 일각에서는 豫를 사람予이 코끼리象를 끌고 가는 모습에서 본뜬 글자라고도 합니다.

　어느 쪽이든 하남성, 즉 예주 일대에 코끼리가 살았던 것은 확실해 보입니다. 이 한자를 처음 만든 지역도 바로 하남성입니다. 한자의 원형인 갑골문이 1890년대 하남성 안양安阳에

1장 적응과 번영의 풍경

청동으로 만든 고대 코끼리 조각상

서 처음 발견됐고, 이후 학자들의 연구를 통해 이곳에 중국 고대 왕조 상商나라가 존재했었다는 걸 알게 됐습니다. 상나라 사람들은 이곳에서 뛰노는 코끼리들을 보면서 '象'이나 '豫' 같은 한자를 만들었던 것이겠죠. 갑골문에서도 코끼리를 사냥했다는 기록들이 상당수 발견됐고, 실제로 코끼리 뼈가 많이 발굴되기도 했습니다.

이런 배경 때문에 하남성은 코끼리를 상징 동물로 지정했는데, 재밌는 점은 정작 지금 하남성에서는 코끼리를 볼 수 없다는 사실입니다. 그 많던 코끼리가 사라진 것은 인간의 남획도 요인이 되었겠지만, 무엇보다 코끼리가 살기에는 적합하지 않은 지역이 되어서입니다.

사라진 코끼리가 남긴 문자 – 춘추

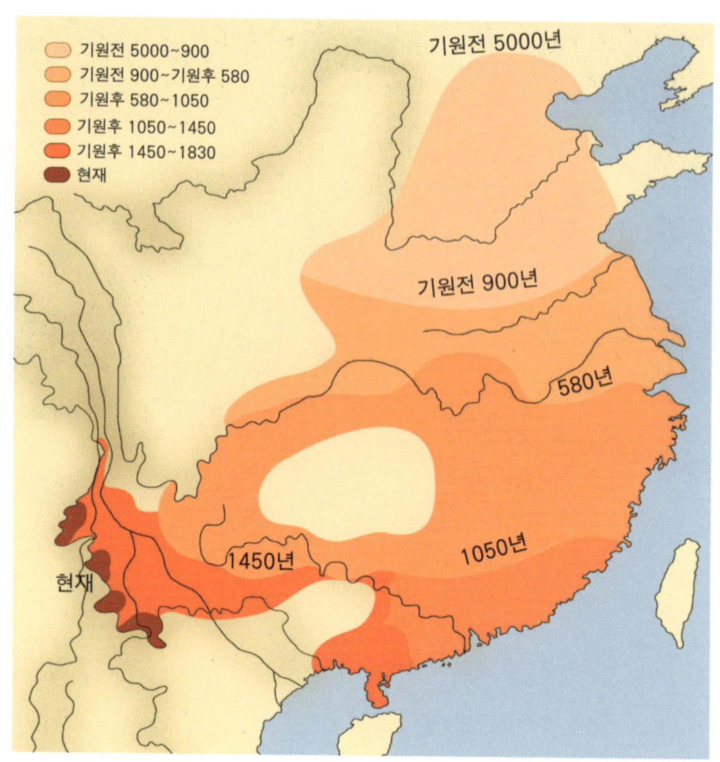

서식이 가능한 남쪽으로 점차 퇴각하는 코끼리

'코끼리 퇴각' 지도를 보면 중국에서 야생 코끼리의 서식 범위가 남서쪽으로 후퇴하는 과정을 시기별로 볼 수 있습니다.

코끼리가 서식하려면 일단 연평균 온도가 20℃ 이상의 아열대~열대 기후가 되어야 합니다. 그런데 하남성은 12~16℃ 사이를 오가는 온대 기후에 속하고, 겨울엔 때때로 영하까지 떨어지기 때문에 코끼리가 살기엔 '추운' 곳입니다.

1장 적응과 번영의 풍경

그렇다면 과거 코끼리들은 이곳에서 어떻게 살았을까요?

기후학자들의 연구에 따르면 오래전 하남성은 동남아시아 같은 아열대성 기후였다고 합니다. 그러다가 오랫동안 한랭화가 지속되면서 기온이 낮아졌고, 결국 코끼리도 따뜻한 곳을 찾아 남쪽으로 이동한 것이죠. '뜨거워지는 지구'를 걱정해야 하는 현재 우리에게는 어색하게 들리지만, 기후학자들이 조사한 중국의 역대 기후 변동 데이터를 보면 그렇습니다.

이렇게 환경이 달라지면서 한나라(기원전 202~기원후 220) 시대에는 이미 중국에서 코끼리를 찾아볼 수 없게 됐고, 중국인들은 과거 선조들이 이야기하던 코끼리라는 동물에 대해 그저 머릿속으로 그려볼 수밖에 없게 됐습니다. 그래서 이를 상상想像이라고 쓰게 됐습니다. 본 적이 없는 형상像을 생각想하는 것이죠.

'여름'과 '겨울'이 없던 시대

고대 문명이 출발했을 무렵 전 세계는 지금보다 따뜻했다고 합니다. 중국 '문명'의 시작으로 보는 상나라도 기후의 축복을 듬뿍 받았습니다. 한자에서도 유추해 볼 수 있습니다. 앞에서 언급했듯이 상나라 사람들은 동물의 뼈나 거북이 등껍질에 갑골문을 새겨 기록을 남겼는데, 여기엔 여름과 겨울에 관한 단어가 없다고 합니다. 여름과 겨울을 명확하게 나누기 어려울 만큼 기후가 좋았던 것이겠죠. 봄-따뜻한 봄-가을-약

사라진 코끼리가 남긴 문자 – 춘추

간 서늘한 가을 정도랄까요.

본래 '여름'과 '겨울'을 나타내는 글자가 아니었던 '하夏'와 '동冬'은 주나라 시기부터 계절의 의미를 갖기 시작했다고 합니다. 따라서 갑골문에는 오직 봄과 가을, '춘추'뿐이었습니다.

이렇게 볼 때 '춘추'라는 단어는 지금의 우리가 생각하듯 '봄과 가을'이 아니라 전체적인 시간의 흐름을 의미한다고 볼 수 있습니다. 요즘으로 치면 'times', '연대기' 같은 의미랄까요. 따라서 공자가 역사책에 '춘추'라고 이름 붙인 것은 적절한 작명 같습니다. 《춘추》는 공자가 태어난 노나라 역사를 기원전 722년부터 481년까지 간략히 기록하고 있습니다.

상나라 정벌

따뜻한 기후, 황하黃河(황허)라는 큰 강, 황토질 토양 등 상나라는 농업을 하기에 더할 나위 없이 좋은 조건을 갖추고 있었습니다. 고대 역사에서 잉여 식량을 확보하면, 사제와 군인 같은 전문직군이 만들어집니다. 메소포타미아나 이집트가 그랬고, 중국도 예외는 아니었습니다. 갑골문을 보면 상나라는 전쟁과 제사에 국력을 쏟았다고 해도 과언이 아닌 사회였습니다.

그동안 진행된 고고학과 문헌학 등에 따르면 상나라는 인신 공희, 즉 조상신에게 제사를 지내며 잔인한 방식으로 인간을 제물로 바쳤다는 사실이 밝혀지기도 했습니다. 얼마 전 한국에도 소개된 리쉬의 책 《상나라 정벌: 은주 혁명과 역경

1장 적응과 번영의 풍경

의 비밀》은 이런 내용을 도발적으로 담아 큰 충격을 안기기도 했습니다. 이렇게 잔혹했던 상나라의 문화는 한자에도 반영되어 있습니다. 점복占卜을 기록하는 데 사용한 갑골문에 상나라의 인신 공희 흔적이 남겨진 것이죠. 예를 들어 갑골문들에는 '벌강伐羌'이라고 적혀 있는 것이 많은데, '伐'은 사람을 '창戈'에 걸어서 그 머리를 자르는 형태를 의미합니다. '京경'도 지금은 도읍을 나타내는 글자로 간주하고 있지만, 처음 이 글자가 만들어졌을 때는 이민족이나 적의 시체를 가지고 쌓은 일종의 개선문을 의미했습니다. 이런 글자들은 과거 상나라 사람들이 강족羌族(오늘날 티베트고원에 거주하는 산악 민족)의 머리를 쌓아 제물로 바쳤음을 보여줍니다.

상나라의 제사 희생물로 바쳐진 강족은 상나라 서쪽 고원에서 양을 치던 이들로 인간 이하의 취급을 받았습니다. 후에 강족 일파에서 나온 주족周族이 세운 나라가 주나라이며, 이들은 상나라의 학정에 지친 이웃 나라들을 규합해 기원전 1046년 1월 목야牧野 전투에서 상나라를 멸망시켰습니다. 주나라의 대업을 도운 일등 공신은 강태공姜太公으로, 강姜이라는 성은 강족에서 나왔다는 것이 정설입니다. 다시 말해 상나라에 수백 년간 시달렸던 강족이 상나라를 정벌하려는 주나라에 대거 협력했던 것으로 보입니다.

　이 과정을 그린 중국의 고전 소설이 《봉신연의封神演義》입니다. 폭정을 저지르는 상나라 주왕과 이에 맞선 주나라 무왕이 주요 축인데, 각종 신선과 요괴까지 등장하여, 《서유기西

사라진 코끼리가 남긴 문자 – 춘추

遊記》에 필적하는 동양의 판타지 작품입니다.

한편 천하의 새 지도자가 된 주나라는 상나라의 유산을 지우는 작업에 돌입했습니다. 중요한 일을 앞두고 점을 쳐서 결정하거나 조상신을 숭상하면서 사람을 제물로 바쳤던 일들이 다시는 반복되지 않도록 한 것이죠. 이를 위해 주나라는 인간의 도덕과 의지, 예의를 강조했습니다. 이것이 유교-성리학의 뿌리입니다. 그래서 공자를 비롯한 유학자들은 주나라를 이상향으로 삼았고, 주나라의 기틀을 다진 주공周公을 군주가 본받아야 할 모범으로 치켜세웠습니다.

춘추 시대와 2.8Ka

이렇게 고매한 이상을 갖고 출발한 주나라였지만, 얄궂게도 기후의 혜택은 거의 누리지 못했습니다. 상나라 말기부터 기후 악화의 조짐이 나타났고, 특히 서주 시대 중후반으로 갈수록 기후는 한랭·건조화 현상이 두드러졌습니다.

그러다가 기원전 771년 이민족(서융)의 공격을 받아 수도인 호경鎬京을 버리고, 동쪽의 낙양洛陽으로 천도하게 됩니다. 이것이 춘추 시대의 시작입니다. 본래 주나라는 호경 일대만 다스리고 나머지 지역은 왕실 친족과 공신들에게 땅을 나누어주고 천자를 떠받치도록 했는데, 서융의 침략으로 상실하고 나니 천자는 '이빨 빠진 호랑이' 신세로 전락했습니다. 춘추 시대의 혼란이 시작된 배경입니다.

학계에서는 서융이 이 시기에 주나라를 약탈한 것은 한

1장 적응과 번영의 풍경

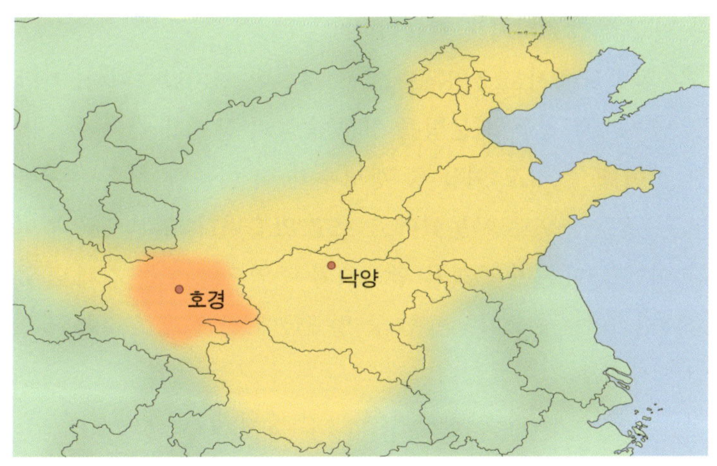

주나라 왕실이 직접 통치한 지역(주황색)과 분봉한 제후국들의 지역(노란색)

랭화로 인해 좋은 목초지와 식량을 구하기 어려워졌기 때문이라고 봅니다. 이때는 기원전 8세기에 해당하는데, 중국뿐 아니라 유라시아 곳곳에서 정치 질서가 흔들렸습니다. 이처럼 전 세계에서 동시다발적으로 비슷한 상황이 발생했던 것은 역시 전지구적 기온 하강으로 인해 벌어진 사건들이라는 해석이 설득력을 얻고 있습니다. 중근동에서 패권을 잡고 있던 신新 아시리아도 수십여 년에 걸친 가뭄에 시달리며 경제가 악화해 나라가 흔들렸고, 그리스 도시 국가들은 시라쿠사, 피테쿠사이, 쿠마이, 나크소스 등 식민지 개발에 박차를 가했습니다. 기후학계에서는 이 시기의 각종 변동을 '2.8ka(2800년 전) 이벤트'라고 부릅니다.[1] 얼마 전에는 서융뿐 아니라 중국인들도 따뜻한 곳을 찾아 동·남방으로 이동했다

사라진 코끼리가 남긴 문자 – 춘추

는 연구가 발표되기도 했습니다.[2]

한반도에서도 2.8Ka로 많은 격변이 일어났습니다. 한반도 남부에서 청동기 문명을 일군 송국리 문화가 갑자기 소멸한 것이죠. 그리고 이들 중 상당수가 더 따뜻한 기후를 찾아 일본 규슈 등으로 이동했다고 보고 있습니다. 일본으로 넘어간 이들을 야요이 문화를 탄생시킨 주역으로 보는 견해도 있습니다.[3] 이렇듯 2.8Ka는 한·중·일 3국에 큰 연쇄 효과를 일으킨 거대한 사건이었습니다.

이런 배경 아래 천자가 사라진 중국에는 '패자覇者'라는 새로운 개념이 등장합니다. 패자는 여러 제후 중에서 천자를 대신해 천하의 질서를 유지한 지도자입니다. 맹주盟主에 오른 패자는 유력자가 모여 맹약하는 의식인 회맹會盟을 열어 각국의 분쟁을 조정하고 때로는 제후국들을 모아 연합군을 조직해 전쟁을 치르기도 했습니다. 춘추 시대에는 이렇게 유력 제후 다섯 명을 꼽아 춘추 5패라고 부릅니다.

춘추 5패에 대해서는 기록마다 다른데, 사마천의 《사기》에서는 제齊 환공桓公, 진晉 문공文公, 진秦 목공穆公, 초楚 장왕莊王, 송宋 양공襄公을 꼽습니다. 춘추 시대에는 국익을 놓고 각국 제후 간의 다툼이 잦아졌고, 그에 따라 안보를 담보할 수 없게 됐습니다. 정치적 변동성이 커지고, 외교가 중요하게 된 것이죠. 그래서였을까요. 《춘추》의 첫 대목은 이렇습니다.

"은공隱公 원년 봄, 왕의 정월正月이다. 3월에 공이 추邾나라의 의보儀父와 맹약을 맺었다."

1장 적응과 번영의 풍경

누구보다 많이 알려졌지만,
누구보다 알려지지 않은 공자의 속사정

❖ 세계에서 가장 유명한 중국인을 묻는다면 "공자孔子"라는 답이 가장 많이 나오지 않을까요. 공자에 대해서는 딱히 설명할 필요가 없을 만큼 남녀노소 누구나 알고 있는 인물입니다. 하지만, 놀라울 정도로 실체가 제대로 드러나지 않은 인물 또한 공자입니다.

예를 들어보겠습니다. 흔히 공자는 성姓이 공孔, 이름은 구丘라고 알려져 있습니다. 하지만, 실제 공자의 성은 자子입니다. 그러면 왜 자자子子가 아닌 공자로 불리고 있을까, 당연히 이런 의문도 가질 법합니다. 여기엔 고대 중국의 성姓과 씨氏의 구분에 대한 이해가 필요합니다.

공자가 살던 춘추 시대만 하더라도 중국에서 성과 씨는 다른 개념이었습니다. 성은 자신의 혈연 집단, 즉 혈통의 근원을 상징했습니다. 그래서 함부로 개인이 바꿀 수 없었던 것이 성입니다.

반면, 씨는 성에서 갈라져 나온 가문을 의미했습니다. 여기엔 왕으로부터 하사받은 봉토나 새롭게 거주하게 된 지역 이름, 또는 관직명에서 유래하는 경우가 많았습니다. 예컨대 《삼국지》에서 유명한 사마의司馬懿는 조상이 사마司馬라는 관직을 얻으면서 이를 씨로 삼았던 것 같습니다. 공자의 시대에는 성은 바꿀 수 없지만, 씨는 얼마든지 바꿀 수 있었습니다.

예를 들어 저는 지금 유柳 씨를 쓰고 있는데, 훗날 성공해 청주清州 시장에 오른 뒤에 청清을 새로운 씨로 삼아 '청성운' 이 되어도 전혀 문제가 되지 않았다는 이야기입니다. 춘추 시 대의 기준이라면 그렇다는 것이죠.

이처럼 성과 씨가 제각각 따로 있었던 사례 중 잘 알려진 것이 주나라의 상나라 정벌을 도운 강태공姜太公입니다. 70세 까지 관직에 나아가지 않고, 매일 집 근처 강변에서 낚시하다 가 운 좋게도 그의 재능을 알아본 주 문왕에게 등용된 노인이 죠. "물고기를 낚는 게 아니라 세월을 낚는 것"이라는 유명한 어록을 남기기도 했습니다.

그는 성이 강姜, 씨가 여呂, 이름이 상尚이었습니다. 그래 서 어떤 책에는 강상이라고 나오기도 하고, 또 다른 책에서는 여상이라고 등장하기도 합니다. 강태공은 공적을 인정받아 나 중에 산동반도 부근의 봉토를 받고 제濟나라를 건국하기도 했 습니다.

우리나라에도 그의 후손을 자처하는 씨족이 많은데 진주 강씨를 비롯해 평해 구씨, 함양 여씨, 충주 최씨, 나주 정씨, 광주 노씨, 거창 장씨 등이 그렇습니다. 예전 같으면 이들은 모두 강姜을 성으로 쓰는 씨족 집단으로 분류가 됐겠죠.

중국 최초의 황제였던 진시황도 성과 씨가 다르게 기록되어 있습니다. 진秦나라 왕실은 대대로 영嬴이라는 성을 썼습니다. 그래서 왕위에 오르기 전, 진시황은 일반적으로 영정嬴政이라고 표기합니다만, 간혹 조정趙政이라고 쓰는 기록도 있습니다. 사마천이 쓴 역사책《사기》가 대표적인데, "(진시황은) 이름은 정政이며, 조趙 씨"라고 나옵니다.

이에 대해서는 몇 가지 설이 있는데, 하나는 진나라 왕실의 성이 영嬴, 씨는 조趙였다는 주장입니다. 또 다른 하나는 진시황의 출생지에서 비롯됐다는 설입니다. 그는 아버지 자초子楚가 조趙나라에 인질로 있던 시절에 태어났는데, 이 때문에 조나라의 조趙가 씨로 통용됐다고 보는 견해가 있습니다. 성씨 구분은 현대의 우리에게는 너무 복잡한 이야기이니, 이쯤에서 마무리하겠습니다.

다시 공자로 돌아오자면, 공자의 조상들은 원래 송宋나라에서 자子를 성으로 쓰는 유력 귀족 가문이었다고 합니다. 송나라는 주나라가 상나라를 멸망시킨 뒤 상나라 왕족들이 조상의 제사를 지낼 수 있도록 만들어준 나라였고, 상나라 왕족의 성이 바로 자子였습니다. 다시 말해, 공자의 집안은 상나라 왕족의 후예라는 이야기입니다. 그런데 송나라에서 정치적 격변이 일어나면서 공자의 직계 조상이 이웃 노나라로 도망쳤고, 새롭게 출발하면서 공孔을 씨로 삼았다고 합니다.[4]

그런데 송나라가 상나라의 후예였다면 노나라는 주나라 왕실의 방계였습니다. 주나라 왕실은 희姬를 성으로 썼는데, 노나라 왕실은 바로 희 성에서 갈라져 나온 노魯 씨 가문이었습니다. 그러니 공자는 원수의 나라에서 자라면서 상나라와 주나라의 문화적 DNA를 모두 갖게 된 셈입니다.

그런데 우리는 앞에서 상나라가 얼마나 살육의 향연을 펼쳤으며, 그런 잔혹함이 한자에 어떻게 반영됐는지도 일부 확인했습니다. 그 후예인 공자가 누구보다 예禮를 중시하고, 주나라 시대의 질서를 다시 회복해야 한다고 가르치고 다녔다는 점은 역사의 아이러니처럼 여겨지기도 합니다. 어쩌면 조상들의 흑역사가 일종의 콤플렉스로 작용했던 것은 아닐까요.

사실, 공자는 이것 외에도 출생에 얽힌 이야기가 꼬리표처럼 평생 따라다니기도 했습니다. 공자의 부친은 숙량흘叔梁紇이었는데, 모친은 정실부인이 아니라 두 번째 첩이었습니다.[5] 더군다나 숙량흘은 관직이 그다지 높지도 않았고 공자가 아주 어렸을 때 사망했기 때문에 공자는 홀어머니 밑에서 어렵게 자라며 제대로 교육조차 받지 못했습니다. 그렇다 보니 공자는 어렸을 때 돈을 벌기 위해 남의 집에 들어가서 소와 양을 돌봤고, 조금 더 장성했을 때는 창고 관리와 회계를 맡아보며 조금씩 올라갔습니다. 그랬기에 공자는 다방면에 재주를 갖고 있었다고 알려져 있으며, 그 자신도 "나는 어렸을 때 가난했기 때문에 힘겹고 천한 일을 많이 했다"라고 밝히기도 했습니다.

공자가 '예'에 집착하고 신분보다 도덕과 학문을 강조한 것도 자신의 불우한 출생 배경과 비천한 신분을 극복하기 위한 절실한 노력의 결과로 보기도 합니다.

기후가 정한 제국의 경계선

왕좌의 게임

HBO 드라마 〈왕좌의 게임〉으로 더 유명해진 소설 《얼음과 불의 노래》는 일곱 개의 왕국이 철의 왕좌The Iron Throne를 차지하기 위해 벌이는 잔혹하고 치열한 권력 투쟁을 다룹니다. 배신과 음모 속에서 휘몰아치는 권력 투쟁과 더불어, 북쪽에서 내려오는 초자연적 존재 화이트 워커가 인류를 위협합니다. 한편 세 마리의 용을 부활시킨 대너리스 타르가리엔은 빼앗긴 철의 왕좌를 되찾기 위해 세력을 키워 나갑니다. 결국 스타크, 라니스터 등 유력 가문들 사이에서 벌어지는 왕위 쟁탈전과 북쪽에서 밀려오는 거대한 위협이 맞물리며, 웨스테로스 대륙 전체의 운명을 건 거대한 전쟁으로 치닫습니다.

소설 《얼음과 불의 노래》는 조지 R. R. 마틴이 영국 역사에서 많은 모티브를 가져온 것으로 잘 알려져 있습니다. 예를 들면 라니스터 가문 vs 스타크 가문의 갈등은 랭커스터 vs 요크왕가의 '장미 전쟁'에서 영감을 받았고, 소설 속 일곱 왕국Seven Kingdoms은 중세 앵글로 색슨 7왕국 시대와 연결됩니다.

또 하나 빼놓을 수 없는 것이 거대한 장벽The Wall이라는 존재

하드리아누스 장벽(위)과 그 위치(아래)

입니다. 북쪽의 야만족과 남쪽의 문명 세계를 나누는 거대한 장벽은 소설 첫머리에 '나이트 워치(밤의 경비대)'가 주둔하는 곳이기도 합니다. 이 장벽은 잉글랜드 북부 하드리아누스 장벽이 모티브입니다. 조지 R. R. 마틴은 1981년 이 장벽을 걸으며 '이 북쪽 너머엔 누가 살고 있을까?'라는 생각이 떠올라 소설을 구상했다고 합니다. 그런데 이 장벽의 실제 성격이 그러했습니다. 오랫동안 '문명' vs '야만'을 나누는 기준으로 작용했던 것이죠.

하드리아누스 장벽

'하드리아누스'라는 이름에서 느껴지듯이 이 장벽의 기원은 고대 로마입니다. 기원전 55년 율리우스 카이사르가 유럽 대륙의 북쪽 끝으로 여겨졌던 이곳에 첫발을 디딘 이래, 클라우디우스 황제가 브리타니아 원정을 본격 추진했고(기원전 43년), 이후 황제들도 북진을 이어가다가 이곳에서 발길을 멈췄습니다. 한두 차례 더 나아간 적도 있지만, 하드리아누스 황제는 더 이상 북쪽으로 가는 것은 무의미하다고 생각했던 것 같습니다. 춥고, 습기 차고, 농사도 짓기 어려운 땅에 '문명'이라는 것은 불가능해 보였던 것이죠. 그래서 하드리아누스 황제는 이곳에서 브리튼섬을 동서로 가로지르는 길이 73마일(약 117.5km)의 긴 장벽을 쌓았습니다. 그리고 이 장벽은 잉글랜드와 스코틀랜드를 나누는 사실상 기준점이 됐습니다. 그러니 영국 역사에 끼치는 영향이 대단히 크다고 할 수 있겠죠.

기후가 정한 제국의 경계선 – 왕좌의 게임

영국 해리티지 재단이 2022년을 '하드리아누스 장벽의 해'로 지정했을 정도로 영국인들은 이 장벽에 대해 각별한 애정을 쏟고 있습니다. 장벽을 따라가다 보면 이곳에서 발굴된 토기나 동전 등을 전시한 작은 박물관도 종종 만나게 됩니다. 다소 이상하게 느껴지기도 합니다. 이 장벽은 외부인(로마)에 의한 침략의 상징물인데 이를 그토록 아낀다는 게 말이죠.

영국에서 가장 유명한 축구팀 중 하나인 맨체스터 유나이티드의 연고지 맨체스터도 비슷한 유래를 갖고 있습니다. 이곳을 비롯해 영국에는 울체스터, 체스터, 윈체스터 등 체스터Chester가 들어가는 지명이 많은데, 이 단어는 라틴어로 요새를 뜻하는 카스트룸Castrum에서 유래된 것이죠. 당시 로마군의 주둔 기지가 만들어지면서 발달한 마을이라는 이야기입니다. 그래서 이런 도시들에는 하나같이 박물관이 있는데 그곳에서 발굴된 로마 시대 유물을 자세히 소개하고 있습니다. 그러고 보면 수도 런던조차도 로마인들이 붙인 이름, 론디니움Londinium에서 유래가 되긴 했네요. 세계 제국을 건설했던 영국인들은 과거 로마의 점령기를 부끄러워하기보다는 역사의 한 장으로 기억하는 것 같습니다.

하드리아누스 장벽은 제국의 북쪽 끝이었습니다. 북위 55도 선이니 꽤나 올라간 셈입니다. 참고로 동아시아에서 북위 55도라면 한반도와 중국, 일본을 넘어 러시아에서나 도시를 볼 수 있습니다. 참고로 한반도의 최북단은 북위 43도에 위치한 두만강 하구 경흥 일대입니다. 이탈리아가 본토였던 고대

1장 적응과 번영의 풍경

로마가 이렇게까지 북쪽으로 경계를 확대할 수 있었던 것은
대단한 일이죠. 그것은 역시 기후 덕분이었습니다. 이때가 바
로 기후학계에서 일컫는 로마 온난기Roman Warm Period, Roman
Climatic Optimum였던 것이죠.

기원전 100년부터 기원후 100년까지 약 200년간은 유
라시아 대륙이 특별히 따뜻했던 시기로 꼽힙니다. 이탈리아
와 그리스, 스페인 등에서 머물던 지중해성 기후대가 알프스
산맥을 넘어 북쪽으로 올라가면서 춥고 음습한 대륙성 기후
는 유럽 대륙의 귀퉁이로 밀려났기 때문입니다. 기후 변화는
인간의 생활에 많은 영향을 끼칩니다. 이때도 마찬가지였습
니다. 따뜻한 기후는 농업에 적합했고, 늘어난 식량과 세금은
제국에 정치적 안정을 가져다줬습니다. 제국 곳곳에 대농장
이 만들어졌고, 충분한 식량을 확보한 로마 정부는 정치에서
점차 소외되는 민중을 달래기 위해 빵과 서커스를 제공할 수
있었습니다. 또한 로마는 유럽 전역에 군대를 주둔시킬 수 있
게 됐고, 제국의 경계도 계속 확장됐습니다.

로마 제국의 영토를 최대로 확장했던 트라야누스 황제
(98~117년) 시대는 바로 이러한 로마 온난기의 후반부에 해당
합니다. 그리고 트라야누스 황제의 뒤를 이은 하드리아누스
황제는 이제 더는 전진할 수 없다고 느꼈습니다. 제국의 판도
는 '로마인'이 거주할 수 있는 기후 아래 유럽 땅을 모두 아우
르고 있었고, 그 바깥은 '로마인'의 삶을 영위할 수 없는 땅이
라고 여긴 것이죠.

그래서 그는 그 자리에 선을 그었습니다. 그것이 바로 하

기후가 정한 제국의 경계선 ─ 왕좌의 게임

떼르메Thermae라고 하는 로마식 대중 목욕탕이
잉글랜드 남부 바스Bath에 유적으로 남아 있다.

드리아누스 장벽입니다. 하드리아누스 장벽 남쪽인 잉글랜드에는 로마식 목욕탕이 환상적으로 보존된 도시 바스Bath 등 로마 유적이 풍성하게 남아 있지만, 그 이북인 스코틀랜드에서는 볼 수 없는 이유이기도 합니다. 장성 밖은 춥고, 어둡고, 야만인들이 판치는 불온한 미지의 공간이었던 것이죠.

사라진 9군단의 미스테리

로마의 9군단 히스파나Legio IX Hispana의 실종 사건도 이런 이미지를 더하는 데 일조했습니다. 유례를 찾기 어려운 이 사건은 세계사에서 풀리지 않은 미스터리 중 하나로 남아 있기도 합니다.

9군단 히스파나는 로마 공화정 시대부터 각종 전투에서 활약한 유서 깊은 부대였습니다. 율리우스 카이사르의 핵심 전력이기도 했던 9군단은 갈리아 원정과 내전에서 많은 승리를 거뒀고, 로마가 제국이 된 이후에는 히스파니아(지금의 스페인)에 주둔하다가 클라우디우스 황제의 브리타니아 원정에 투입돼 이때부터 브리튼섬에 계속 주둔하게 됐습니다. 이들은 브리튼 이케니족의 여왕 부디카가 로마 제국의 가혹한 통치와 수탈에 맞서 일으킨 대규모 항쟁인 '부디카의 난'을 제압했고, 아그리콜라의 칼레도니아(스코틀랜드 일대) 원정에도 참전하는 등 로마의 브리튼 점령사에서 빼놓을 수 없는 중요한 부대였습니다. 그런데 이들이 갑자기 기록에서 홀연히 사라집니

기후가 정한 제국의 경계선 – 왕좌의 게임

다. 3세기 이후 로마 역사 속 기록이나 비문 등에서 이들은 마치 처음부터 존재하지 않았던 것처럼 증발해 버렸습니다.

이 사건은 오랫동안 여러 학자의 흥미를 자극했고, 저마다 9군단 실종 사건을 풀기 위한 가설을 쏟아냈습니다. 19세기 가장 위대한 역사학자 중 한 명이자 노벨문학상을 수상하기도 했던 테오도르 몸젠Theodor Mommsen은 이들이 칼레도니아(지금의 스코틀랜드 북부) 정벌을 위해 북상했다가 궤멸했다고 주장했습니다. 실제로 1866년 영국 햄프셔주 실체스터에서 발견된 로마 시대 독수리 조각상은 이들이 전멸할 당시 땅에 묻힌 군기라고 주장하는 사람들도 있습니다.

또한 하드리아누스 황제가 122년 스페인 북부 레온 지역에 주둔하던 6군단 빅트릭스를 에보리쿰(지금의 요크)으로 이동하라고 명령했는데, 이것이 '실종된' 9군단을 대체하기 위한 것으로 보는 시각도 있습니다.

9군단 실종의 진상은 여전히 베일에 싸여 있습니다. 그러다 보니 많은 작품에 영감을 제공하기도 했는데요. 이를테면 영화 〈센츄리온〉과 〈더 이글〉은 모두 이 사건을 다루고 있습니다. 〈센츄리온〉은 9군단이 스코틀랜드 픽트족에게 학살된 것으로 설정했는데, 이후 하드리아누스 장벽이 세워지는 것으로 그렸습니다. 〈센츄리온〉 이후의 이야기는 〈더 이글〉에서 이어갑니다. 영국 작가 로즈메리 서트클리프Rosemary Sutcliff의 소설 《독수리 군기를 찾아》가 원작인 〈더 이글〉은 장벽 북쪽

1장 적응과 번영의 풍경

기원후 117년 로마 제국(붉은색)과 그 속국의(분홍색) 판도

에서 사라진 9군단의 독수리 군기를 되찾기 위한 여정을 다루고 있습니다.

한랭화와 로마의 쇠퇴

로마 온난기는 2세기 말부터 점차 기울기 시작합니다. 거대한 로마 제국을 지탱해준 가장 중요한 요소는 군대와 법률이 아니라 '기후'였습니다. 기후가 한랭해지면서 제국을 책임진 농업이 흔들렸고, 상업은 위축됐으며 도시와 도시를 연결해주던 교역로도 쇠퇴했습니다. 기후 방어선이 무너지면서 제국의 안전도 담보하기 어려워진 것이죠. 이민족들은 이런 빈틈

기후가 정한 제국의 경계선 – 왕좌의 게임

을 비집고 들어오기 시작했습니다. 트라야누스 시대 이후 더는 국경을 확장하지 않았던 로마는 이제 변경의 반란에 직면하게 된 것입니다.

로마 5현제 중 마지막 황제였던 마르쿠스 아우렐리우스는 영화 〈글래디에이터〉에서 게르만족의 반란을 제압하기 위해 장군 막시무스와 함께 다뉴브강 전선에 서 있습니다. 5현제의 마지막 주자였던 그는 로마 온난기가 막을 내리고 긴 한랭화의 시작점에 선 군주이기도 했습니다. 그래서 《명상록》을 집필할 만큼 철학을 사랑했던 황제는 그의 임기 대부분의 시간을 제국의 안전을 위협하는 반란을 다스리는 데 보내야 했습니다. 만약 50년만 일찍 태어났어도 자신의 장점을 보다 잘 활용할 수 있었겠지요.

결국 로마는 몇 차례의 위기 끝에 395년 동서로 분열됩니다. 로마 스스로 내린 결정이었습니다. 제국을 지탱할 수 있는 식량과 교역망을 더 이상 확보하기 어려운 상태였던 것이죠. 브리튼섬에 주둔했던 로마군도 추워지는 기후와 장성 밖에서 다가오는 위협을 견디지 못하고 410년에 완전한 철수를 단행합니다.

여기에 누구보다 당황한 것은 그동안 로마의 '우산' 아래 평온하게 지냈던 브리튼인들이었습니다. '장벽' 바깥에 있던 야만인들과의 사투가 시작된 것이죠. 실제로 브리튼섬은 각지에서 찾아오는 이민족들의 위협에 노출되며 수백 년 만의 평화가 무너지게 됩니다.

1장 적응과 번영의 풍경

같은 시기 한랭기와 제국의 쇠퇴는 동아시아에서도 이어집니다. 로마 온난기에 동아시아에서는 한나라가 제국을 건설했습니다. 기후의 축복 아래 한나라도 활발한 정복 활동을 벌였습니다. 특히 한 무제武帝(재위 기원전 141~기원전 87)는 고조선, 서역, 남월, 흉노 등 동서남북으로 군사를 보냈고, 제국의 판도와 영향력을 키웠습니다.

　한나라에 황혼이 찾아온 시기도 마르쿠스 아우렐리우스가 제국의 동요를 막기 위해 변경 이곳저곳으로 동분서주하던 때와 비슷합니다. 다만, 로마의 위협이 바깥에서 시작됐다면, 한나라는 안에서 시작됐다는 점이 다릅니다.

　이때는 환제와 영제가 다스리던 시기였는데《삼국지》에서 십상시十常侍(중국 후한 말 국정을 농락한 10여 명의 환관 무리)들이 국정을 농단하고 동탁·원소·손견·조조 같은 군벌들이 대두하기 시작했던 무렵입니다. 황제들의 무능한 정치력과 십상시의 전횡이 문제이긴 했지만, 기후도 적잖은 영향을 끼쳤습니다. 낮아진 농업 생산력과 성난 민심, 세금 감소 등이 제국의 쇠퇴를 이끌었던 것이죠. 흔들리는 민심을 사로잡은 것은 태평교 같은 종교집단이었고, 이들이 일으킨 황건적의 난은 한나라에 결정타를 날렸습니다. 결국, 통치력을 완전히 상실한 한나라는 위·촉·오 삼국으로 분열하게 됩니다. 로마가 제국을 감당할 수 없어 둘로 쪼개졌듯이, 한나라도 셋으로 갈라선 셈이죠.

기후가 정한 제국의 경계선 – 왕좌의 게임

아서왕은 로마 군인?

✤ 20여 년 전 영국의 고도古都 윈체스터에 갔을 때 아서왕King Arther의 거대한 원탁이 성 안에 걸려 있는 것을 보고 깜짝 놀란 적이 있습니다. 오래된 목재 원탁을 보면서 '아, 아서왕이 실존 인물이었구나…' 감격한 것도 잠시, 원탁에 그려진 아서왕은 1522년 헨리 8세의 명령에 따라 추가된 것이라는 걸 듣고 실망하지 않을 수 없었습니다. 원탁 자체는 1290년쯤 에드워드 1세 때 제작된 것이지만, 나중에 헨리 8세가 그림을 넣도록 했다고 합니다. 그러고 보니 아서왕의 얼굴이 헨리 8세와 비슷해 보이기도 합니다. 어쨌든 아서왕이 당시에 얼마나 인기가 있었는지 알 수 있는 대목입니다.

윈체스터 성에 걸려 있는
아서왕의 원탁

이처럼 영국에서 가장 유명한 지도자를 꼽으라면 아서왕을 빼놓을 수 없습니다. 보검 엑스칼리버, 마법사 멀린과 원탁의 기사들, 성배를 찾는 모험 등 중세적 판타지로 꾸며진 이야기는 영국뿐 아니라 전 세계적으로 큰 인기를 얻었습니다.

하지만 실제 아서왕이 로마의 군인이었다면 어떨까요. 아서라는 이름이 과거에는 아르투르Artur라고 발음했다는데, 이것이 로마 가문 중 하나인 '아르토리우스Artorius'에서 유래했다는 설이 있습니다.

또 역사학자 중 상당수는 그가 로마군의 브리타니아 철수 이후 활약했던 브리튼족의 지도자로 보고 있습니다.

이런 학설을 적극적으로 수용해서 제작된 영화가 클라이브 오웬과 키이라 나이틀리 등이 출연한 〈킹 아서〉입니다. 이 영화에서 아더는 로마군에서 복무했던 브리튼인으로 등장합니다. 로마로 철수하는 대신 잉글랜드에 남아 야만인들의 침공을 막는 지도자로 그려진 것이죠. 중세의 기사 갑옷 대신 로마군 갑옷을 입은 아서의 모습에 실망했다는 관객도 적지 않았던 것으로 기억합니다. 그럴 만도 했습니다. 영국의 전설적 영웅이 고작 로마 하급 장교로 나오다니 말이죠.

아서왕의 전설을 지금과 같은 형태로 정리한 인물은 12세기에 활동한 성직자 몬머스의 제프리Geoffrey of Monmouth입니다. 그는 1136년경 《브리타니아 열왕사Historia Regum Britanniae》를 쓰면서 이전에 각종 민담이나 단편적 기록으로 흩어져 전해지던 아서왕의 이야기를 체계적으로 완성했습니다. 이후에도 계속해서 에피소드들이 추가되면서 지금과 같은 형태로 전해지게 됐다고 합니다.

이런 전설은 연고를 주장하기 마련이죠. 영국의 여러 지역이 아서왕의 시신이 잠든 장소로 유명한 전설 속의 아발론Avallon섬이라고 서로 주장하기도 합니다. 가장 유명한 곳은 영국 남부 서머싯주 글래스톤베리Glastonbury인데, 1191년 글래스톤베리 수도원의 수도사들이 "이곳이 아발론이며, 아서왕과 기네비어 왕비의 유골을 발견했다"고 발표해 세상을 놀라게 했습니다. 당시 발견된 납 십자가에 "유명한 아서왕이 아발론섬, 여기 묻히다"라고 적힌 기록이 있었다고 하는데, 지금 학자들

글래스톤베리 언덕에 있는 거대한 성탑. 일각에서는 아서왕이 잠든 아발론이 바로 이곳이라고 한다.

은 이것이 모두 조작된 것으로 보고 있습니다. 1184년 글레스톤베리 수도원이 화재로 소실되자 순례객을 끌어들여 재건 비용을 모으기 위해 만들어냈다는 것이죠. 실제로 이 계획은 성공했습니다. 다만, 아발론은 '사과Apple의 섬'이라는 뜻인데, 서머싯 지방이 사과로도 유명해 이곳이 맞을 수도 있다는 의견도 적지 않습니다.

한편 글래스톤베리 수도사들이 발견했다는 유골과 납 십자가 등은 헨리 8세 때 진행된 가톨릭 탄압 및 종교 개혁으로 모두 소실됐다고 합니다. 원탁에 아서왕을 그려 넣은 그 헨리 8세라는 것이 역사의 아이러니 같습니다.

가까이에서 본 글래스톤베리 언덕의 거대한 성탑

환경이 만든 요절의 역사

삼국지

"하늘은 이미 주유를 낳았는데, 어찌하여 또 제갈량을 낳았단 말인가!"

중국의 고전 소설 《삼국지연의》(이하 《연의》)에 등장하는 주유의 마지막 외침입니다. 동오東吳의 물자와 군사를 갈아 넣어서 어렵사리 승리했건만, 적벽대전의 달콤한 '과실(형주)'을 가져간 것은 유비였습니다. 제갈량의 손바닥 위에서 놀아났다는 것을 깨닫게 된 순간, 주유는 울화가 폭발하면서 전투 중 입은 부상이 악화되어 요절하고 말았던 것이죠. 정치인으로 이제 막 꽃피기 시작했을 35세였으니, 너무나 이른 죽음이었습니다. 위魏의 곽가, 촉蜀의 방통과 함께 이른 퇴장이 가장 아쉬운 인물로 꼽히지 않을까 싶습니다.

적벽대전에서 보여준 임팩트 때문일까요. 《연의》에 나오는 분량은 그다지 길지 않지만, 주유는 삼국지 마니아들 사이에서 가장 인기 있는 인물 중 하나로 꼽힙니다.

'미주랑美周郎'이라 불릴 만큼 수려한 외모, 제갈량의 라이벌로 꼽힐 만한 천재적 재능, 시대를 대표하는 미녀 소교小

喬의 남편…. 짧았던 수명만 제외하면, '완벽'이라는 단어가 아깝지 않을 인물이었습니다. 그래서인지 "주유가 일찍 죽지 않았더라면…"이라는 아쉬운 탄식이 늘 따라다니곤 합니다. 오나라 군주 손권도 누구보다 그의 죽음을 안타까워했습니다. "공근(주유의 자)은 왕자의 자질을 가지고 있는데, 지금 홀연히 생명이 다했다. 이제 나는 누구를 의지하면 좋단 말인가"라고 한탄했는데, 실제로 그랬습니다. 그의 퇴장은 이후 동오 정권에 거대한 먹구름을 안겼습니다.

오나라의 요절 징크스

그런데 오나라는 촉망받는 인물들의 요절이 유난히도 끊이질 않았습니다. 동오에 앙심을 품은 자의 저주라도 있었는지, 두각이 보인다 싶으면 여지없이 저승사자에게 불려갔습니다.

일단 손권의 부친이자 오나라의 터전을 닦은 손견부터 그랬죠. '강동의 호랑이'라 불렸던 그는 당대를 대표하는 맹장이었습니다. 《연의》에서는 반反동탁을 기치로 모인 18 제후 연합군이 호로관에서 동탁 측 맹장 화웅에게 막혔고, 결국 관우를 내세워 위기를 넘깁니다만, 이건 어디까지나 관우를 돋보이게 하고 싶었던 《연의》의 작가 나관중이 지어낸 허구입니다. 실제 역사에서 화웅을 벤 것은 손견이었습니다. 손견은 동탁 세력을 궁지로 몰아 사실상 18 제후 연합군의 주인공이나 다름없는 퍼포먼스를 펼쳤지만, 연합군이 내분으로 해체된 뒤 유표를 공략하다가 복병들의 화살과 돌을 맞아 불과

환경이 만든 요절의 역사 – 삼국지

36세에 사망했습니다.

그의 자질을 빼닮았던 아들 손책도 마찬가지입니다. 손견이 죽자 손 씨 가문을 거둬들였던 원술은 "손랑孫郞(손책의 별명) 같은 아들이 있으면 두려울 게 없겠다"고 말하곤 했는데, 실제로 손책은 원술로부터 독립한 뒤 단숨에 강동을 제패했습니다. 그에 비하면 죽음은 그야말로 시시했습니다.

사냥하던 중 그에게 앙심을 품은 반대파 자객들과 싸우다가 상처를 입었는데, 이것이 악화해 사망한 것이죠. 이때 그의 나이가 고작 26세. 아버지보다 더 빨랐습니다. 지금은 소실되었지만 후대의 학자들이 일부를 인용하여 남아 있는《오력吳歷》에 따르면 손책은 의사가 '백 일간 안정을 취하라'고 했지만, 거울을 보곤 "내 얼굴이 이처럼 됐는데, 앞으로 어떻게 대업을 이룰 수 있겠는가?"라며 책상을 치고 분노하다가 봉합된 상처가 파열되면서 결국 그날 밤을 넘기지 못했다고 합니다. 뭔가 20대의 치기가 느껴지면서, 영웅의 최후라기엔 허망하고 아쉽다는 생각이 듭니다. 부친만큼이나 패기 있고, 야심 넘쳤던 손책은 이 무렵 하북에서 원소와 '관도대전'을 벌이던 조조의 배후를 칠 계획을 세우고 있었으니, 만약 2~3년만 더 살았으면 삼국의 역사가 또 어떻게 바뀌었을까 상상력을 자극하는 부분이기도 합니다.

부친과 형의 요절로 인해 생각지도 않게 동오의 세 번째 지도자가 된 손권은 70세까지 살았으니 상대적으로 장수한 편입니다. 아버지와 형을 반면교사로 삼았던 것일까요. 그는 두 사람과 달리 신중하고 조심스러웠고 섣불리 의욕을 앞세우는 일이 드물었습니다. 적벽대전 때도 찬반 양측의 토론을 경청한 뒤 비로소 결정을 내렸죠.

손권 대에 오나라는 군주를 일찍 떠나보내는 징크스를 끊긴 했지만, 얄궂게도 이때부터 요절 징크스가 오나라의 A급 인재들로 향합니다. 본격적으로 다루고자 하는 것도 이 부분입니다. 오나라의 핵심 브레인, 즉 총사령관을 맡았던 인재들을 겨눴다는 점에서 그야말로 '재앙' 그 자체였다고 할 수 있습니다.

군주에서 인재까지 피해 가지 못한 요절 릴레이

1번 타자가 주유인데, 그의 죽음이 얼마나 오나라에 치명적인 타격을 안겼는지는 앞에서 다뤘으니 여기서는 다른 문제를 짚고 넘어가려고 합니다. 《연의》는 '촉한이 한나라를 정통으로 계승했다'고 보는 '촉한정통론'에 따라 집필했습니다. 한나라 황실의 후예 유비가 한을 재건한다는 명분으로 촉한을 건국하였기에 유비 쪽을 지나치게 띄워주는 부분이 적잖은데, 여기서도 마찬가지입니다.

지금까지 회자되는 "하늘은 이미 주유를 낳았는데, 어찌하여 또 제갈량을 낳았단 말인가!"라는 주유의 유언은 완벽하게 제갈량을 위한 장치입니다. 오나라 최고의 브레인 주유조차도 저런 절규를 할 수밖에 없었으니 '도대체 제갈량이란 얼마나 대단한 인물인가'라는 암시를 독자에게 넣어주는 것이

45

죠. 하지만 이는 사실을 완전히 왜곡한 창작입니다.

정사正史《삼국지》에 기록된 주유의 유언은 이랬습니다.

"길고 짧은 것이 인생이니 진실로 애석해할 것도 못 됩니다. 다만, 저의 작은 뜻도 제대로 펼치지 못한 채 주군의 명을 다시는 받지 못함이 한스러울 따름입니다."

어떤가요.《연의》의 유언이 어쩐지 열등감으로 똘똘 뭉친 패배자 느낌이라면,《삼국지》의 유언은 영웅적 풍모가 느껴지지 않나요?

제갈량의 계략에 농락 당한 울분을 이기지 못해 죽었다는 것 역시 나관중의 머릿속에서 나온 이야기입니다. 실제 역사에서 주유는 생전에 제갈량에 질투심을 품었던 적이 없었습니다. 아니, 그럴 필요가 없었습니다. 당시에 두 사람은 비교 자체가 어려울 정도로 주유의 명망과 업적이 앞서 있었기 때문입니다. 하지만 주유라는 인물은 제갈량에 대한 질투심으로 꼭지가 돌아버렸던, 2% 부족한 '이인자' 이미지를 달고 있으니 나관중의 왜곡은 명예훼손급이라고 할 만합니다.

주유가 죽으면서 후계자로 지명하여 지휘봉을 넘긴 인물은 노숙魯肅이었습니다. 역시, 노숙도《연의》에 묘사된 것보다 더 뛰어난 인물이었고, 제갈량 때문에 피해를 본 케이스입니다. 대표적인 것이 중국 대륙(천하)을 세 나라로 나누는 '천하삼분지계'입니다. 흔히 제갈량이 융중대隆中對에서 유비를 만나 제안

46

했던 '융중대의 구상'으로 잘 알려져 있지만, 실제로는 노숙의
아이디어였습니다. 또한, 적벽대전에서 유비-손권 동맹을 제안
하고 성사시킨 것도 제갈량이 아닌 노숙입니다. 당시의 동오
의 국력으로는 조조 측과 1:1로 맞서기 어렵다고 판단한 노숙
은 차라리 유비 측을 키워서 2(유비·손권):1(조조)의 구도로 판
을 바꿔야 한다고 본 것이죠. 역사도 그렇게 진행됐습니다.

　다시 말해 우리가 알고 있는 삼국지의 구도는 노숙의 머
리에서 탄생해 현실이 된 것입니다. 정세를 보는 그의 안목이
얼마나 뛰어난지 알 수 있는 부분입니다. 동오 내부의 강경파
와 반反유비파의 반발을 무마하며 힘겹게 이 구도를 만들어낸
노숙은 일생 동안 촉·오 동맹을 유지하는 데 전력을 다했습니
다. 덕분에 그가 살아 있는 동안 두 세력은 반反조조 연대를
유지했습니다. 이랬으니 동오의 요절 망령이 그를 그냥 둘리
가 없었겠죠. 노숙은 45세에 사망했습니다. 앞선 사람들에 비
하면 길다고 할 수도 있지만, 충분한 시간이 주어졌다곤 할 수
없습니다.

　노숙의 죽음에 누구보다 충격을 받은 것은 촉·오 동맹의
파트너였던 제갈량이었습니다. 노숙의 사망 소식에 제갈량은
사흘 동안 슬퍼했다고 하는데, 이제 양측의 동맹이 유지되기
어려워질 것을 직감한 것일지도 모르겠습니다.

여몽의 미스터리한 죽음

실제로 그랬습니다. 노숙의 후임으로 군권을 장악한 여몽은

환경이 만든 요절의 역사 – 삼국지

조조가 아닌 유비를 향해 창끝을 겨눴습니다. 오나라의 숙원인 형주를 되찾아야 한다는 일념이 그를 지배했던 것이죠. 노숙 독트린이 촉·오 동맹이었다면, 여몽 독트린은 형주 탈환이었습니다. 그래서 여몽은 노숙이 어렵게 일궜던 촉·오 동맹을 파기하고, 형주를 두고 촉나라와 싸웠습니다. 유비 세력의 한 축인 관우는 이때 번성에서 포위돼 죽었고, 이로 인해 양측은 철천지원수가 됐습니다. 유비는 대군을 이끌고 복수전에 나섰다가 이릉에서 육손의 화공에 재기불능의 타격을 입고 결국 이듬해 사망했으니 노숙의 이른 죽음이 양국의 역사에 얼마나 큰 '나비 효과'를 일으켰는지 알 수 있습니다.

이 때문에 여몽은 삼국지의 오랜 팬들에게 온갖 원망을 받고 있지만, 그로 말하자면 '오하아몽吳下阿蒙'이라는 고사성어를 남긴 발군의 인재였습니다. 보잘것없는 집안 출신의 여몽은 본래 무식한 무장에 지나지 않았지만, 손권의 권유로 학문에 힘쓴 뒤 이전과 180도 다른 인물로 성장한 입지전적인 서사를 갖고 있습니다. 노숙이 이런 여몽과 대화하다가 놀라 "더 이상 예전의 여몽이 아니다非復吳下阿蒙"라고 말했던 데서 유래한 말이 '오하아몽'입니다.

그 역시 요절 징크스를 피해 가지 못했습니다. 여몽은 41세에 급사했는데, 《연의》에서는 그가 죽음으로 내몰았던 관우의 혼령에 사로잡히면서 몸의 구멍들에서 피가 뿜어져 나오는, 마치 공포 영화의 한 장면 같은 괴이한 사망으로 처리했습니다. 실제로 여몽의 죽음은 관우가 사망한 형주 정벌 직후 발생했는데, 원인이 딱히 규명되지 않은 채 시름시름 앓다

1장 적응과 번영의 풍경

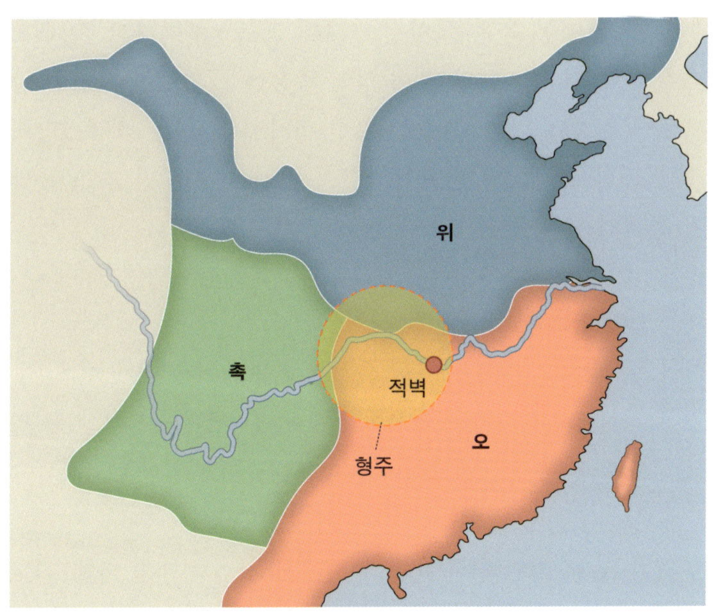

수운이 발달한 교통의 요충지이며 평원이 드넓어 물산이 풍부한 형주는
중요한 지리적 이점을 갖고 있었다.

가 사망했습니다. 그러니 관우의 혼령이 복수했다는 이야기
가 퍼질 만도 했던 것이죠.

여몽 이후를 책임졌던 육손은 놀라운 재능에도 불구하고
62세까지 살았습니다. 덕분에 오나라도 드디어 인재들의 요
절 징크스에 종지부를 찍습니다. 다행이라고 하기엔 이미 너
무 많은 희생을 치렀지만 말이죠.

역사에서는 오나라가 가장 빛나던 시절 총사령관을 맡았던

주유·노숙·여몽·육손을 일컬어 '4대 도독都督'이라고 합니다. 그런데 이 4인방 중 앞선 세 명의 죽음을 살펴보면 석연치 않은 구석이 있습니다. 단순히 보면 병사인데, 너무 갑작스럽거나 여몽의 사례처럼 괴이하기까지 합니다. 어쩌면 조조가 남긴 편지의 한 구절이 힌트가 될지도 모르겠습니다.

강남의 복병

"적벽에서의 패배는, 정확히 질병이 일어났기 때문에, 나는 배를 불태우고 스스로 철수했던 것이다."

조조가 훗날 손권에게 보낸 편지에서 적벽대전에 대해 회고한 부분입니다. 어찌 보면 자존심 강한 조조가 군사적 맞대결에서 패했다는 것을 인정하고 싶지 않아 질병을 핑계로 삼은 것이 아닐까 하는 생각도 듭니다만, 조조의 말을 '핑계'로만 볼 수 없는 배경도 있습니다.

양자강(양쯔강) 이남은 중국사에서 오랫동안 '야만의 땅'으로 불렸습니다. 중원에 비해 무덥고 습기가 많았던 이 지역은 당시 수준의 기술로는 아직 사람이 들어가기 어려워 미개발된 지역이 많았고, 중원에 없는 풍토병이 기승을 부렸습니다. 심지어 삼국 시대로부터 수백 년이 지난 당나라 때도 여전히 '공포의 대상'이었습니다.

특히 '장瘴' 또는 '장기瘴氣'라고 불리는 풍토병은 외지인들에게는 대단히 치명적인 질병이어서 이 지역에 파견되는 관리나 군인들은 부임을 꺼렸다고 합니다. 살아서 돌아오지 못할 것이라는 두려움 때문이죠. 삼국 시대에서 수백 년이 지난 당나라 때도 마찬가지여서 당 태종은 파견을 거부하는 관리를 참수하기까지 했습니다.[6]

파견을 거부하는 관리들까지 있었다고 하니 공포와 위협이 어느 정도였는지 알 수 있습니다. 그만큼 비非강남, 특히 중원 출신 인사들은 강남 생활 적응에 애를 먹었고, 특히 풍토병에 걸린 경우엔 제대로 대처하지 못한 채 사망했던 것이죠. 한편, 이곳에서 줄곧 살아온 사람들은 면역력이든 예방법이든 무엇인가 다르긴 달랐을 겁니다.

이제 이야기하고자 하는 요지가 잡혔을 겁니다. 그렇습니다. 주유·노숙·여몽과 육손은 고향이 다릅니다.

주유·노숙·여몽은 모두 양자강 이북이었습니다. 여몽은 예주豫州 여남군汝南郡 부파현富波縣, 주유는 양주揚州 여강군廬江郡 서현舒縣, 노숙은 훨씬 북쪽인 서주徐州 하비군下邳郡 동성현東城縣입니다.

소설적 요소가 많은 《연의》의 내용이긴 하지만, 여몽이 갑작스레 코와 입 등에서 피를 뿜으며 죽었다는 대목은 형주 정벌 과정에서 심각한 바이러스에 감염됐을 가능성을 시사합니다.

노숙도 그가 차지하는 비중에 비하면 죽음에 대해서는 너무나 간략합니다. 그저 전선에서 근무 중 '병사病死'라고만

환경이 만든 요절의 역사 – 삼국지

인물	지역	시기	나이
주유	양주 여강군(안휘성)	175~210	36
노숙	서주 하비군(안휘성)	172~217	46
여몽	예주 여남군(하남성)	178~220	42
육손	양주 오군(절강성)	183~245	63

짤막하게 기록됐을 뿐입니다. 갑작스러운 죽음이었다는 것을 의미하는 것이죠. 단순한 우연의 일치일까요?

오나라의 '4대 도독' 중 네 번째로 요절 징크스를 끝낸 육손을 보겠습니다. 그는 주유-노숙-여몽을 잇는 후계자이자 유비의 70만 대군을 격파한 전략가였습니다. 앞서 말했듯 그는 나머지 도독들과 달리 60세가 넘어서 죽었으니 천수를 누렸다고 해도 과장은 아닙니다. 그런데 육손의 고향은 세 도독과 달리 오군이었습니다. 손씨 집안과 같았던 것이죠. 오군 출신들은 강남 풍토병에 대한 일종의 면역력 같은 것을 갖고 있지 않았을까요. 현대 중국의 행정구역으로 보면 주유와 노숙의 고향은 지금 중국의 안휘성(안후이성), 여몽은 하남성(허난성), 그리고 육손은 절강성(저장성)에 속합니다.

어쨌든 이렇게 변방이자 중원에서 이주를 꺼렸기에 강남 지역은 삼국이 출현하기 이전인 한漢나라 때도 중앙집권체제에서 다소 비켜나 있었던 곳입니다. 그래서 지역 세력이 강했

52

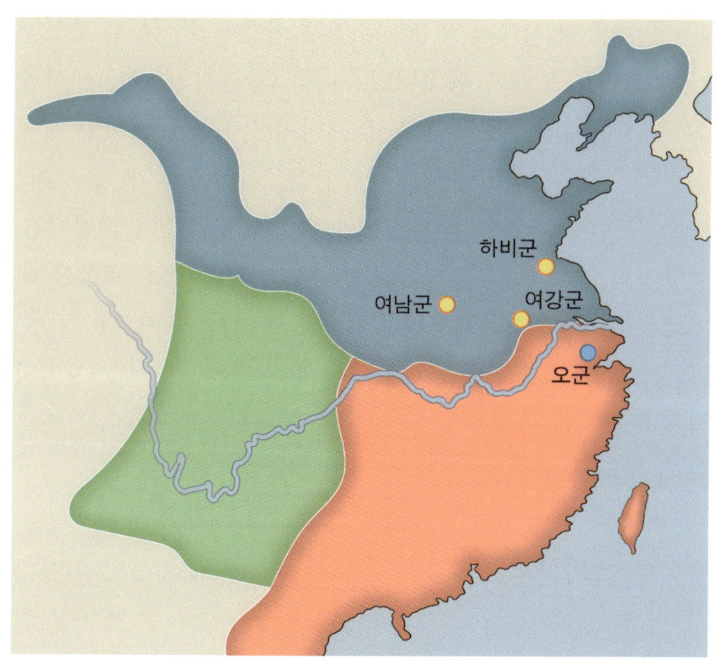

4대 도독의 고향

고, 오나라 때도 '오吳의 사성四姓'이라 불리는 육陸·고顧·주朱·
장張 등 4개의 토착 가문이 큰 세력을 갖고 있었습니다. 정작
오나라의 주인이 된 손씨 집안은 손견이 나타나기 전까진 이
들보다 한미한 가문이었습니다. 그랬기에 손씨 군주들에게는
4대 가문을 어느 정도 제어하면서 한편으로는 협력을 이끌어
내는 것이 중요했습니다. 이를 위해 군주의 수족이 되고, 때로
는 군주를 대신해 정무를 처리할 수 있는 뛰어난 인재가 필요
했습니다.

난세였던 시대적 상황으로 인해 인재들의 이동이 잦았고 이는 손씨 가문에게 행운이었습니다. 황건적의 난을 비롯해 십상시의 난, 동탁의 폭정 등이 이어지면서 중원에 있던 인재들이 혼란을 피해 이주한 것이죠. 예를 들어 유비가 제갈량의 집에 세 번 찾아갔던 삼고초려의 무대는 형주 남양군이지만, 제갈량의 고향은 서주 낭야군입니다. 조조의 서주 대학살 때 가족들이 형주로 대거 이주한 것으로 알려져 있습니다.

촉나라를 건국한 유비와 이를 도운 장비도 마찬가지입니다. 이들은 모두 유주 탁군으로 촉나라에서 동북쪽으로 수천 리가 떨어져 있었고, 관우는 사례 하동군, 조운은 기주 상산군, 법정은 사례 부풍군 출신인데, 역시 촉나라와 연고가 없었습니다. 오나라에도 다른 지역에서 이동한 인재들이 적잖았고, 주유-노숙-여몽이 그런 인물들이었습니다. 손씨 가문 입장에서는 지역 호족에 맞서 중앙정부의 힘을 강화해줄 수 있는 그룹이었죠. 이들의 요절에 손권이 크게 상심했던 데는 이런 배경도 있었습니다.

천지개벽 남쪽 세상

지금의 강남을 생각하면, 생소한 이야기가 아닐 수 없습니다. 상해上海(상하이), 향항香港(홍콩) 등 중국을 대표하는 부유한 대도시가 주로 강남에 있으니까요. 중국에서 첨단 산업과 부와 유행이 집중된 지역이기도 합니다.

기대수명도 그렇습니다. 중국 정부가 발표한 중국 각 지

1장 적응과 번영의 풍경

순위	지역명	평균 수명(세)	삼국지 관련 지역
1	상해(상하이)	84.11	양주 오군(손견-손책-손권 고향)
2	북경(베이징)	82.68	유주(유비 고향 인근)
3	천진(톈진)	82.02	유주, 기주
4	절강성(저장성)	81.88	양주 오군
5	강소성(장쑤성)	81.32	오나라 수도 건업 소재

역 기대수명 자료에 따르면 옛 오나라 지역은 상위 5위 중 3곳을 차지하고 있습니다. 삼국 시대에 습하고 풍토병이 많아 장수들이 요절했던 흑역사를 생각해보면, 그야말로 천지개벽 수준인 것이죠.

중국 강남이 본격적으로 개발된 것은 주로 중국 남송 시대로 봅니다. 이민족이었던 요(거란), 금(여진), 원(몽골)에 밀려 중원을 내준 한족이 강남에 대거 정착하면서 개발에 박차를 가한 것이죠. 물론, 지금 같은 모습은 개항 이후 상해와 홍콩이 주요 무역항으로 발달하면서였고, 특히 1980년대 덩샤오핑의 개방 정책이 결정적인 영향을 끼쳤다고 할 수 있겠죠.

한랭기에 빛을 발한 행정가 조조의 면모

❖ 《삼국지》의 주인공 중 한 명인 조조는 불세출의 전략가로 알려져 있습니다만, 한편으로는 한랭기라는 기후 변화에 적극적으로 대처했던 뛰어난 행정가이기도 했습니다.

조조가 자리 잡은 화북 평원은 원래 비옥한 농토가 많아 높은 식량 생산성을 자랑했지만, 《삼국지》의 시대는 상황이 달랐습니다. 황건적의 난과 동탁의 학정, 여기에 한랭화와 가뭄이 겹치면서 제대로 된 농사를 지을 형편이 되지 않았습니다. 중앙 권력이 무너진 상황에서 농민들은 수탈을 피해 이곳저곳 떠돌아다니거나 군대에 들어갔고, 황무지나 다름 없는 땅이 늘어 갔습니다.

이를 잘 보여주는 것이 《후한서後漢書》와 《진서晉書》 등에 기록된 인구 통계입니다. 이에 따르면, 후한 시대 한나라의 인구는 1067만 호戶, 5648만 명에 달했습니다. 하지만 삼국 시대 말기(260~280년대) 삼국의 인구는 146만 호, 767만 명 수준으로 급격히 줄어들었습니다.[7] 삼국 시대에 수많은 전쟁 때문에 인구가 감소했겠지만, 그렇더라도 90% 가까이 줄어든다는 것은 말이 안 됩니다. 따라서 이 통계는 삼국 시대의 혼란한 상황 속에서 정부가 파악할 수 없었던, 즉 세금을 부과할 수 없었던 인구가 그만큼 많았다는 것으로 해석할 수 있습니다.

이런 상황 속에서 조조는 자신의 영토에서 둔전제屯田制를 전격적으로 실시했습니다. 떠돌아다니던 농민들에게 토지를 나눠주고 농사를 짓도록 하는 한편, 경작용 소牛와 철제 농기구를 국가에서 대여해줬습니다. 국가에서 소를 빌리면 수확량을 국가와 농민이 각각 6:4의 비율로 나눴고, 농민이 직접 자신의 소로 농사를 지으면 5:5로 나눴다고 합니다.

기후 변화로 농사가 어려워진 자영농이 몰락하자, 국가가 직접 버려진 토지와 소를 제공하고 강력한 통제력으로 농업 생산력을 쥐어짜는 방식으로 경제 체제를 재편한 것입니다. 붕괴된 한나라의 조세 및 토지 시스템을 대체하기 위한 국가 주도의 비상 경제 체제였던 것이죠. 언뜻 보면 세금으로 가져가는 몫이 많아 보이지만, 당시에는 농민을 안정시키고 식량 문제를 해결하는 획기적인 조치였습니다.

또 전선의 군인들을 대상으로도 군둔軍屯을 실시해 평상시에는 농사를 짓고 적이 쳐들어오면 군대로 전환하도록 했습니다. 이를 통해 막대한 군량과 병참 보급 비용을 현지에서 해결할 수 있게 된 것이죠. 중앙 재정의 소비를 최소화한 것입니다.

여기에 더해 조조는 북방 이민족을 수용해 부족한 병력을 확충하는 데도 적극적이었습니다. 오환족烏桓族(몽골과 중국 북부에 존재했던 유목민족)을 격파한 뒤, 1만여 부락을 중국 내지로 이주시키고, 그들의 정예병을 뽑아 부대로 편입시켰습니다. 또, 저족氐族과 강족의 수만 호를 장안을 비롯한 관중關中 지역으로 강제 이주시키고, 남흉노를 병주幷州(현재의 산서성 일대)

지역에 정착시켰습니다.

하지만 이런 조치는 나중에 부메랑이 되어 돌아왔습니다. 한랭기가 본격화되고, 삼국을 통일한 진晉나라가 '팔왕의 난' 등으로 어지러워지자 이민족들이 창끝을 거꾸로 잡은 것이죠. 이로 인해 서진西晉 정권이 무너지자, 한족들은 중원을 이민족들에게 내주고 강남으로 내려가 동진東晉을 세웠습니다. 이런 결과는 조조도 예상하지 못했을 겁니다. 그럼더라도 한랭기 속에서 우왕좌왕하기보다는 적절한 대책을 마련해 나라를 안정시켰던 점은 평가하지 않을 수 없습니다. 그랬기에 삼국 중 가장 강력한 국력을 가질 수 있었던 것 아닐까요.

중세 온난기가 쏘아 올린 건축 양식

노트르담 드 파리

"대성당들의 시대가 찾아왔어. 이제 세상은 새로운 천 년을 맞지. 하늘 끝에 닿고 싶은 인간은 유리와 돌 위에 그들의 역사를 쓰지. 돌 위엔 돌들이 쌓이고 하루, 또 백 년이 흐르고 사랑으로 세운 탑들은 더 높아져만 가는데 시인들도 노래했지. 수많은 사랑의 노래를. 인류에게 더 나은 날을 약속하는 노래를"

뮤지컬 〈노트르담 드 파리〉의 극중곡으로 유명한 '대성당들의 시대'의 한 대목입니다. 중세의 황금기는 대성당들이 열었습니다. 노트르담 대성당, 캔터베리 대성당, 쾰른 대성당처럼 프랑스, 영국, 독일 등을 중심으로 기존에는 볼 수 없었던 대형 성당들이 연이어 들어선 것이죠. 하늘에 닿을 듯한 높이에 뾰족뾰족한 첨탑Spires과 오색찬란한 스테인드글라스 등으로 채워진 고딕 양식의 성당들은 하늘(신)에 닿고자 하는 종교적 열망을 보여주는 중세의 정신 그 자체라고 할 수 있습니다.

오래전, 파리의 노트르담 대성당을 간 적이 있는데, 가장 먼저 놀란 것은 그 규모였습니다. 일행을 세워두고 사진을 찍는데, 그 아름다운 성당의 전면을 카메라 앵글 안에 모두 담기

남쪽에서 바라본 노트르담 대성당. 프랑스어로 '우리의 귀부인'을 뜻하는
노트르담은 '성모 마리아'를 의미하기도 한다.

가 어려워 애를 먹었던 기억이 있습니다. 요즘 같은 중장비 기계도 없던 1000년 전에 어떻게 이런 건축물을 지을 수 있었을까 싶더군요. 중세인들의 종교적 열망에 새삼 놀랐습니다.

숲 하나로 만든 대성당의 지붕

지금 우리에게 남겨진 대성당들은 중세의 자원을 총력으로 투입한 결과물입니다. 겉모습에서 알 수 있듯이 일단 엄청난 양의 돌이 쓰였습니다. 파리의 노트르담 대성당Cathédrale Notre-Dame de Paris에는 약 10만 톤가량의 석회암이 들어갔다고 하는데, 에펠탑에 들어간 철골(7,300톤)을 아득하게 뛰어넘는 규모입니다.

돌만 들어간 게 아닙니다. 이런 대성당을 짓는 데는 그에 못지않은 많은 나무가 필요합니다. 예를 들어 고딕 건축의 특징인 뾰족한 지붕과 돌로 쌓아 올린 천장 구조물의 평평한 면 사이에는 거대한 삼각형 모양의 공간이 숨어 있습니다.

이 공간을 지지해주는 뼈대를 루프 트러스Roof Truss라고 하는데 여기에만도 많은 목재가 투입됩니다. 노트르담 대성당의 루프 트러스에는 1160~1170년대 벌목된 참나무 약 1,300그루가 사용되었다고 합니다. 이는 21헥타르(약 6만 평) 규모의 숲에 해당하는 양이라고 하니,[8] 이 대성당을 '숲La Forêt'이라는 별칭으로 불렸다는 게 납득이 갑니다.

2019년 화재로 노트르담 대성당의 지붕이 전소되었을 때, 이를 원형 그대로 복원하기 위해 프랑스 정부는 수백 년

중세 온난기가 쏘아 올린 건축 양식 – 노트르담 드 파리

된 수천 그루의 참나무를 구하느라 애를 먹었다고 합니다. 프랑스 전역의 국유림으로는 부족해 결국 사유림 소유주들로부터 기증을 받은 덕분에 간신히 복원에 나설 수 있었습니다.

중세 유럽이 만든 고딕 건축물은 어마어마하게 많습니다. 대성당뿐 아니라 이보다 작은 교회와 수도원 등까지 합치면 수천에서 수만 개에 달할 것으로 보고 있습니다. 그러니 이 무렵 유럽에서 얼마나 많은 숲이 사라졌을지 짐작할 수 있습니다.

이렇게 막대한 목재를 가져다 쓸 수 있었던 것은 기후 덕분이었습니다. 중세를 흔히 '암흑 시대'라고 표현하지만, 기후만 놓고 보자면 정반대에 가까웠습니다. 3세기 들어 추워지던 유라시아가 중세의 시작과 함께 기온을 회복하기 시작했습니다. 특히 중세 후기(950~1250)는 '중세 온난기Medieval Warm Period'라고 부를 만큼 인류가 활동하기에 이상적인 수준으로 따뜻해졌습니다.

오랫동안 움츠리고 있던 북유럽 바이킹들이 본격적으로 활동한 것도 이때였습니다. 셰익스피어는 덴마크의 왕자를 주인공으로 내세운 희곡 〈햄릿〉을 썼는데, 이 시기 덴마크가 북유럽을 호령했던 역사를 반영한 것입니다. 덴마크는 잉글랜드 북부를 점령해 다스렸는데, 이 지역을 '데인 로Dane Law' 라고 부릅니다. 지금도 데인 로의 핵심 거점이던 요크에서는 매년 2월마다 바이킹 축제를 열고 있습니다.

따뜻해진 유럽

온난한 기후는 풀과 나무의 생장을 촉진했고, 그 결과 중세 시대의 숲은 살아났습니다. 중세를 배경으로 하는 〈빨간 모자〉 같은 동화나 〈로빈 후드〉 같은 '역사 반, 허구 반' 이야기에 늘 숲이 무대가 되는 것도 마찬가지 이유입니다. 중세 시대의 숲은 너무나도 울창해 늑대와 마녀, 요정들이 공존하는 어둡고 위험하고 신비로운 공간으로 묘사되기도 했습니다.

대신, 그런 덕분에 중세인들은 300~400년 이상 자란 키 크고 굵은 나무를 고딕 건물들에 걱정 없이 가져다 쓴 것이죠. 게다가 많은 고딕 성당이 도시의 중심지나 강가에 지어졌는데, 지반이 무른 경우가 많았습니다. 그래서 무거운 석조 건물이 땅에 가라앉지 않도록, 그 아래엔 수백~수천 개의 나무 말뚝Pile을 박아 지반을 보강해야 했습니다. 역시 풍부한 목재 공급이 없었다면, 불가능한 공법입니다.

사실 대성당 공사에 무엇보다 중요한 것은 자본이었습니다. 왜냐하면 이런 공사는 최소 수십 년이 걸리는 데다, 여기 들어가는 석재, 목재 같은 재료비에 노동력까지 더하면 천문학적인 비용이 들어가기 때문입니다.

다행히 중세 온난기는 경제가 크게 발전했습니다. 따뜻한 날씨 덕분에 작황이 좋았고, 농업 생산력도 비약적으로 증대했습니다. 노르웨이 중부 트론헤임(북위 63도) 일대에서 밀 농사를 지었을 정도로 경작 한계선이 북쪽으로 올라갔습니다.

중세 온난기가 쏘아 올린 건축 양식 – 노트르담 드 파리

잉여 생산물이 발생하면, 인구가 증가하고, 상업이 발달하면서 도시가 성장합니다. 도시의 성장은 유통과 금융을 이끌면서 경제 성장을 촉진합니다. 중세가 그랬습니다. 게다가 인구 성장으로 농경지와 주거 공간이 확대되면서 개간Deforestation이 가속화되었습니다. 이래저래 숲은 점점 사라질 운명이었던 것이죠.

고딕은 왜 뾰족할까

그러고 보면 인류의 문화 중 건축만큼 기후의 영향을 깊숙하게 받은 것도 없습니다. 우리의 한옥도 지역마다 형태가 다릅니다. 북부 지방은 'ㅁ'자형 구조입니다. 혹독하고 긴 겨울에 버티기 위해 최대한 찬 바람을 막고 온기를 가두는 형태죠. 반면에 덥고 습한 남부 지방은 통풍이 잘되는 개방적인 'ㅡ'자형 구조입니다. 창문도 크고 마루 공간도 널찍합니다.

중세 유럽인들이 경외했던 고딕 양식도 마찬가지입니다. 이 시기 지어진 고딕 건축물을 찾아보면 대개 북부 프랑스, 영국, 독일 등에 밀집되어 있다는 것을 알 수 있는데, 이 또한 기후와 관련이 있습니다.

고딕 건축의 뾰족한 지붕 형태는 하늘에 닿고자 했던 사람들의 열망을 표현하는 한편으로, 눈과 비가 많이 내리는 유럽 북부의 날씨에도 영향을 받았습니다. 중세 온난기라고 해서 날씨가 180도 바뀌었다는 것은 아닙니다. 수백 년간 이어진 한랭기에서 회복됐지만, 남유럽과 비교할 때 눈과 비가 많은 북유럽 특유의 날씨는 여전했습니다.

　문제는 고딕 성당의 주재료가 석회암이라는 것입니다. 석회암은 물을 잘 흡수하는 성분이 있습니다. 영국, 프랑스 북부, 독일 등은 겨울에도 비가 잘 오는데, 밤에 기온이 영하로 내려가면 돌 속의 물이 얼음이 되면서 부피가 팽창하게 됩니다. 이런 현상이 반복되면 돌은 결국 '쩍' 하고 갈라지면서 부서지겠죠. 접착제로 썼던 '석회 모르타르Lime Mortar'도 물에 약하긴 마찬가지였습니다. 그래서 고딕 건축가들에게는 고인 물을 건물 밖으로 잘 처리하는 것이 아주 중요했습니다. 비와 눈을 빨리 흘려보내지 않으면, 고딕 건축의 몸통이 흔들릴 수 있었기 때문이죠. 그래서 고안한 것이 바로 가고일Gargoyle입니다. 노트르담 대성당을 비롯해 고딕 성당을 보면 흉측하게 생긴 괴물들이 목을 길게 빼고 있는 것을 볼 수 있는데, 빗물

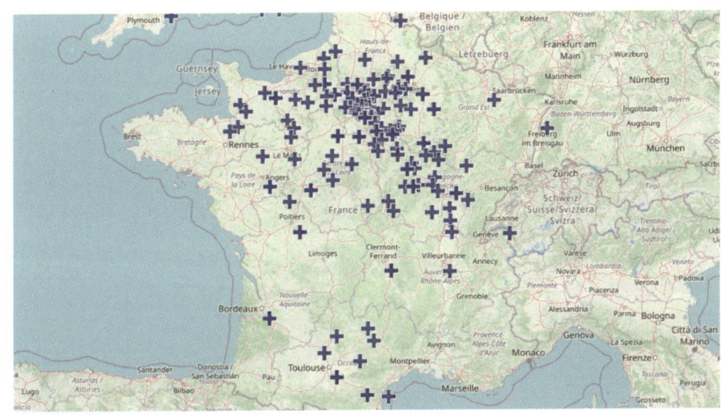

현재 프랑스에 남아 있는 고딕 성당 분포.
대체로 북부에 집중됐다는 것을 알 수 있다.

중세 온난기가 쏘아 올린 건축 양식 – 노트르담 드 파리

노트르담 대성당의 벽면에서 볼 수 있는 가고일

을 최대한 벽에서 빼내기 위해 만든 장치입니다.

신은 빛이다

중세 고딕 성당을 특별하게 만들어주는 또 하나는 오색찬란한 스테인드글라스입니다. 날씨가 따뜻해지고 경제가 성장하자, 유럽인들은 창을 크게 내고 고가의 색유리로 아름답게 장식하기 시작했습니다. 색유리는 제조 공정이 까다롭고 푸른 빛을 띄는 안료 코발트는 비쌌기 때문에 적잖은 돈이 들어갔습니다. 하지만, 경제 성장이 이어지면서 귀족과 상인들은 아낌없이 후원했고, 자체 농장을 보유한 교회들도 풍족한 자금을 갖고 있었습니다.

스테인드글라스의 시작에는 일조량도 영향을 끼쳤습니다. 고딕 양식이 시작된 프랑스 북부(일드프랑스)를 비롯해 북유럽 일대는 나폴리 같은 남부 이탈리아럼 화창하고 쨍쨍한 햇빛이 부족했습니다. 그런 만큼 어두운 날씨에도 실내를 밝게 유지하기 위해 창문을 최대한 크게 내야 했던 것이죠. 기온까지 낮았다면 창을 작게 만들었겠지만, 다행히 춥지는 않았으니 가능했던 방식입니다. 여기에 '신은 빛이다Lux Nova'라는 신학적 관점이 더해져 고딕 건축의 아버지라 불리는 생 드니 수도원의 쉬제Suger주교를 통해 스테인드글라스 제작은 더욱 확산됐습니다.

귀한 햇빛을 조금이라도 성당 안으로 끌어들여 성스러운 신의 가르침을 전달하고자 했던 노력의 산물이 스테인드글라

스였습니다.[9]

　찬란한 빛이 성당 안을 수놓는 광경은 지금도 신에 대한 경외감을 갖게 하는데, 당시 사람들에게는 더 말할 나위도 없겠지요. 그래서 사제들은 아름다운 스테인드글라스에 성서의 여러 가지 내용을 새겨 넣었습니다. 당시에 문맹이던 농민들은 아름다운 스테인드글라스를 보며 '신의 말씀'을 마음속에 담을 수 있었겠죠.

"대성당들의 시대가 무너지네"

수백 년 만에 찾아온 온난기도 14세기부터 내리막길을 걷게 됩니다. 이것은 풍작으로 인한 잉여 자본이 고갈된다는 것을 의미합니다. 추위와 잦은 비로 농작물이 썩으면서 대기근(1315년)이 닥쳤고, 면역력이 약해진 이들은 흑사병(1347년)의 먹잇감이 됐습니다. 대성당을 지을 돈도, 노동력도 사라진 셈입니다. 고딕 성당과 중세 시대는 이렇게 저물기 시작했습니다.

이런 시대상을 보여주는 것이 이탈리아 토스카나 지역의 시에나 대성당Duomo di Siena입니다. 시에나는 성당을 두 배 더 크게 증축하여 금융업으로 쌓은 막대한 부를 과시하고자 했습니다. 여기엔 라이벌 피렌체와의 경쟁의식도 작용했다고 합니다. 하지만, 한랭기가 몰고 온 흑사병과 경제난이 겹치며 계획은 미완성인 상태로 중단됐습니다. 시에나 대성당 옆에 남아 있는 지붕 없는 벽과 아치만이 이 야심찬 프로젝트의 흔적

중세 온난기가 쏘아 올린 건축 양식 ─ 노트르담 드 파리

대규모 증축 공사가 중단된 채 지금까지 남아 있는
시에나 대성당의 외벽 잔해

을 알려줄 뿐입니다.

스테인드글라스도 마찬가지 운명이 됐습니다. 건물에 창을
크게 내면서 만드는 스테인드글라스는 기본적으로 따뜻한 기
후의 산물입니다.[10] 하지만, 날씨가 추워지면 사방이 돌로 지
어진 성당은 그야말로 냉동고나 다름없는 상황이 됩니다. 그
래서 내부 온도를 따뜻하게 유지하면서도 스테인드글라스와
유사한 기능을 가질 수 있는 대체품으로서 주목 받은 것이 태
피스트리Tapestry입니다. 양털을 염색하고, 여기에 비단Silk과
금실을 섞어 짜내는 대형 직물이죠. 벽에 걸어둔 태피스트리

1장 적응과 번영의 풍경

는 추위를 막는 '단열재'이면서, 스테인드글라스처럼 성서 내용을 알려주는 '교육재'였습니다. 장점이 하나 더 있었는데, 스테인드글라스는 그림을 바꿀 수 없지만, 태피스트리는 절기(크리스마스, 부활절 등)에 맞춰 다른 그림으로 교체가 가능하다는 것이었습니다.

태피스트리는 왕과 귀족들이 거처하던 성에서도 큰 환영을 받았습니다. 겉으로 보기엔 그럴듯해도 역시 석재로 만들어진 중세의 성은 너무나 추웠기 때문이죠. 심지어 교회와 달리 매일 거주해야 하는 공간이기도 했습니다. 여기에 이동이 가능하다는 장점도 태피스트리에 대한 선호도를 높였습니다. 스테인드글라스와 달리 언제든 (예컨대 전쟁이나 이사) 벽에서 떼어 둘둘 말아 갖고 다닐 수 있었으니까요. 게다가 태피스트리는 고급 양털로 짜인 데다 금실을 박았기에 환금성이 좋았습니다. 그래서 여차하면 이를 팔아서 급한 자금을 마련할 수 있었겠죠.

이렇게 만들어진 태피스트리 중 유명한 것이 앙제Angers 성당에 걸려 있었던 '앙제 요한묵시록Tapestry of the Apocalypse'입니다. 길이 140m, 높이 6m의 초대형 직물엔 세상의 종말을 앞둔 말세가 담겨 있습니다.

이 작품은 한랭기로 접어들던 1370년대 만들어진 것으로 알려져 있습니다. 백년 전쟁(1337~1453)이 벌어지고 한 세대가 지난 시점이었습니다. 한랭기로 농업은 쇠퇴한 데다 흑사병과 기근에 전쟁까지 덮쳤던 당시의 암울한 분위기를 담았던 것이 아닐까요. 한편으로는 이를 보면서 현실의 어려움

중세 온난기가 쏘아 올린 건축 양식 – 노트르담 드 파리

'앙제 요한묵시록'의 일부. 루이 1세가 제작을 의뢰한 이 태피스트리에는 묵시록 중 71개의 장면이 담겨 있으며, 유네스코 세계기록유산에 등재되어 있다.

을 어떻게든 버텨보고자 했을지 모릅니다.

이렇듯 날씨가 추워지고 흑사병과 전쟁으로 사회가 불안해지면서, 거대 성당의 건축 열기는 기후만큼이나 차갑게 식었고, 왕과 귀족들은 춥고 칙칙한 성 내부를 따뜻하게 꾸미는 데 더 관심을 갖게 됐습니다. 중세 온난기의 절정이던 12~13세기가 스테인드글라스의 전성기였다면 한랭기로 접어든 14~15세기는 태피스트리의 전성기라고 볼 수 있겠죠. 따뜻한 기후의 은총을 상실한 유럽인들은 이제 신보다 인간에 더 관심을 두고, '르네상스'라는 새로운 시대를 열게 됩니다.

뮤지컬 〈노트르담 드 파리〉의 2막을 여는 극중곡 '피렌체'는 이렇게 마무리됩니다.

"학교의 책들이 성당을 허물고, 성경은 교회를, 인간들은 신을 무너뜨리리라. 대서양을 향해 배들은 떠났네. 인도에 닿기 위한 길을 찾으려고."

중세 온난기가 쏘아 올린 건축 양식 – 노트르담 드 파리

문익점과 목화씨

14세기의 한랭기는 유라시아 대륙의 끄트머리에 있는 고려도 지나치지 않았습니다.

이때 고려를 괴롭혔던 것은 의복 문제였던 것 같습니다. 이전보다 현격히 추워진 기후 속에서 마땅한 방한복이 없었던 것이죠. 이전까지 고려에서 가장 활발하게 사용된 옷감은 삼베와 모시였다고 합니다. 하지만, 모시나 삼베의 경우는 질기긴 해도 추운 겨울을 나기엔 적당하지 않았기 때문에 여러 겹을 꺼입는 식으로 활용을 해야 했죠. 귀족과 상류층은 비단이나 가죽을 쓰기도 했고요.

이때 '영웅'처럼 나타난 사람이 바로 문익점입니다. 그는 원나라에 사신으로 갔다가 돌아오는 길에 붓 뚜껑 속에 목화씨를 몇 개 숨겨서 돌아와 고려에 면을 보급한 인물로 알려져 있습니다. 덕분에 고려인은 겨울에도 따뜻한 소재의 옷을 지어 입었다는 것이죠. 그런데 전근대 영웅담이 그러하듯 문익점 이야기에도 어색한 허점이 많습니다.

일단 목화씨는 원나라에서 금수 품목이 아니었습니다. 원나라는 무기나 화약, 또는 일부 서적에 대해서는 유출되는 것을 엄격히 제한했지만, 목화에 대해서는 그런 기록이 없습니다. 그러니 붓 뚜껑에 숨겨서 올 필요도 없었던 것이죠.

또한, 문익점 이전에 한반도에서 면이 생산되지 않았다는 것도 사실이 아닙니다. 왜냐하면 2010년 충남 부여군 능산리 사찰 유적에서 백제 시대의 면직물이 발견돼 이미 고려 이전부터 한반도에서 면을 생산했다는 것이 확인됐기 때문이죠.

문익점에 관한 가장 오래된 기록인 《조선왕조실록》에는 "계품사 좌시중 이공수의 서장관이 되어 원나라 조정에 갔다가, 장차 돌아오려고 할 때에 길가의 목면 나무를 보고 그 씨 10여 개를 따서 주머니에 넣어 가져왔다"라고만 기록되어 있습니다.

《고려사절요》역시 "목면木緜 종자種子를 얻어 돌아와서 그의 장인 정천익鄭天益에게 부탁하여 심게 하였다"라고 합니다. 원나라에서 이를 금지했다거나 어디에 숨겼다는 내용은 없습니다. 그렇다면 붓 뚜껑 스토리는 어디에서 유래한 것일까요.

그것은 문익점의 증손자인 문치창이 1464년에 지은 《가전家傳》입니다. 그에 따르면 중국에서 문익점이 목화꽃을 따려고 하자 갑자기 한 노파가 나타나 "당신은 어느 나라 사람인데 엄하게 금지하는 이것을 따는 거요? 만약 관청에서 알게 되면 당신이나 나나 다 같이 벌을 받게 되오"라면서 씨앗을 빼앗으려다가 문익점의 위엄 있는 풍모에 넋을 잃고는 "이것은 목면화로 우리나라에서는 법으로 엄하게 금하기 때문에 어른께서 이것이 욕심나시거든 모름지기 몰래 감추시어서 수색을 당하지 않게 하십시오"라고 말했다고 합니다. 그래서 붓 뚜껑에 숨겨왔다는 것이죠. 외모를 많이 보는 할머니였던 모양입니다.

참고로, 저의 집안 조상 중 '유청신'이라는 분이 있습니다. 역시 고려 시대에 원나라를 오가며 활약한 인물입니다. 이분에 대해서는 원나라에서 호두씨를 몰래 상투 속에 숨겨왔다는 이야기가 전해지고 있습니다. 물론, 집안에서 내려오는 이야기입니다. 그런데, 호두 역시 원나라가 반출을 금지했다는 기록이 없습니다. 그래서 조선 전기에 유행했던 이야기 구성이 아닌가 싶은 생각도 듭니다. '중국이 막아서 어딘가에 숨겨왔다'는 대목이 빠지면 어딘가 허전한 느낌을 주거나 완결성이 떨어진다고 봤을까요.

다만 문익점이 이 시기에 중국에서 목화씨를 가져왔고 재배에 성공해 대중화에 기여했던 것만큼은 분명한 사실입니다. 이전까지 면직물은 귀족이나 부유층만 사용할 수 있는 고급품이었지만, 문익점 덕분에 일반 서민들도 솜이불이나 솜옷 등으로 따뜻하게 지낼 수 있게 된 것이죠. 아마 조선이 상업이 발달한 나라였다면, 의류 업체를 만들어 큰돈을 벌었을 텐데, 그렇지는 못했던 것 같습니다. 언제든 중국에서 가져올 수 있는 목화씨가 이때 주목을 받고, 이것을 들여와 대규모로 재배했다는 것은 그만큼 따뜻한 소재에 대한 갈망이 커졌던 환경 때문이겠죠.

기후의 축복이 깃든 식탁

수호지

"淨洗鐺少著水, 柴頭罨煙焰不起.

待他自熟莫催他, 火候足時他自美."

"솥을 깨끗이 씻고, 물은 적게 넣어라. 장작불에 연기만 나고, 불꽃은 일지 않게 하라. 스스로 익을 때를 기다려야지 재촉하지 말라. 불기운이 충분히 배어들면 저절로 맛이 나느니…"

소동파로 더 잘 알려진 송나라의 시인 소식蘇軾(1037~1101)이 쓴 '저육송猪肉頌'의 일부입니다. 무려 1000년 전, 그가 만들었다고 전해지는 동파육東坡肉에 대한 내용입니다. 돼지고기 삼겹살 덩어리를 중국 절강성浙江省(저장성) 소흥 지역의 전통술인 '소흥주紹興酒'에 담가 삶은 뒤 간장과 갖은 향신료 등을 넣고 조려서 만듭니다. 기름투성이일 것 같지만 한 입 베어 물면 의외로 담백하고 부드러운 식감이 느껴지는 것이 별미로 꼽히죠. 시공간을 뛰어넘어 한국에서도 사랑받는 요리입니다.

시인으로 널리 알려져 있지만, 소동파는 관록의 정치가였으며 (무엇보다도) 뛰어난 요리사이기도 했습니다. '물은 적게 넣고, 불은 연기만 날 정도로. 불기운이 충분히 배어들면

맛은 절로 우러난다'는 '저육송'의 구절에서도 어느 정도 짐작
할 수 있습니다.

전국 시대 초나라의 굴원屈原을 비롯한 중국의 많은 일류
시인들이 그랬듯 소동파도 정치적으로 불우했습니다. 평생
중앙의 주요 관직에는 오르지 못한 채 지방을 전전했고, 귀양
도 여러 차례 갔습니다. 동파육은 그가 황주黃州에서 귀양 생
활을 하던 시절 개발한 음식입니다. 돼지고기를 선택한 것도
경제적으로 어려웠던 형편과 무관치 않습니다.

당시 송나라에서는 양고기를 최고로 쳤습니다. 양고기
를 살 형편이 안 되는 이들은 소고기나 돼지고기로 음식을 했
습니다. 그래서 소동파도 '저육송'에 "황주의 좋은 돼지고기는
진흙처럼 싼데도, 부유한 이는 먹으려 하지 않고 가난한 이는
요리할 줄 모르네"라는 구절을 넣기도 했습니다.

돼지고기야 그렇다 쳐도 양고기가 소고기보다 비쌌다는 것은
지금과는 다른 모습이지요. 이유는 간단합니다. 양고기는 대
부분 수입이었기 때문입니다. 송나라는 매년 40만 관貫을 지
불하고 거란(요)에서 양고기를 수입했다고 합니다. 궁궐에 우
선적으로 들어갔고, 나머지는 민간에 풀려 시장에서 비싸게
팔렸습니다. 송나라는 무역적자를 해소하기 위해 몇 차례 자
체 생산을 시도해보았으나 기후도 맞지 않고 양들이 인근 농
지로 들어가 농사를 망쳐놓자 농민들의 원성이 높아졌습니
다. 결국 황실에서 쓰는 용도로만 소규모로 키웠다고 하네요.
그리고 보면 송나라 휘종 시대를 배경으로 하는 《수호지》에

1장 적응과 번영의 풍경

서도 송강, 이규, 임충 등 양산박 일당이 먹는 음식도 대부분 소고기이긴 합니다.

이웃했던 고려도 사정은 마찬가지였습니다. 1123년 송나라의 사신으로 고려에 왔던 서긍徐兢은 《선화봉사고려도경宣和奉使高麗圖經》에서 "고려는 산이 많고 험준하여 양이 살기에 적합하지 않기 때문에 요(거란)나 금(여진)에서 수입한다. 그래서 오직 왕과 귀한 손님(사신)을 대접할 때만 양고기를 쓴다"라고 남겼습니다. 그나마 송나라에서는 부자들이라면 가능했지만, 고려에서는 왕이나 맛볼 수 있었던 게 이 무렵의 양고기였던 것이죠.

요리 천국, 개봉

앞에서 소개한 소동파와 《수호지》의 영웅들은 모두 북송 시대에 활약했습니다. 이 시대 작품들의 특징이라면 이전과 달리 무수히 많은 음식 이야기가 나오고 음식점이 주요 무대로 등장한다는 것입니다. 예를 들어 양산박의 우두머리 송강은 강주江州에서 유배 생활을 하는 동안 잉어를 쪄서 만든 매운 생선 요리나 생선회를 즐기고, 호걸들은 소고기를 얇게 썰어 만든 편육을 시키곤 합니다. 또, 무송의 형 무대랑은 취병炊餅이라 불렸던 찐빵을 팔아 생계를 꾸렸습니다. 반면 《삼국지》에서는 유비나 조조가 어떤 요리를 즐겨 먹었는지 알 수 없죠. 《삼국지》에서 요리가 등장하는 대목이라면 기껏해야 제갈량

기후의 축복이 깃든 식탁 – 수호지

중국 7대 고도 중 하나인 개봉의 북적이는 시장을 묘사한
길이 9미터의 〈청명상하도〉. 장사꾼, 점쟁이와 승려, 서커스 단원까지,
무려 4,000명에 이르는 사람들이 등장한다.

이 남만 정벌 당시 풍랑을 멈추는 제사를 지내기 위해 강에
사람 머리 대신 띄운 만두 정도 아닐까요.

송나라 작품에 이렇게 요리가 등장한 것은 이 시대에 실제로
음식 열풍이 불었고 어느 정도 경제력만 갖추면 누구나 미식
가가 될 수 있었기 때문입니다. 특히 송나라의 수도 개봉開封
(카이펑)은 요리의 천국으로도 명성이 높았습니다. 개봉에는
1000년 전인 당시에 이미 70여 곳의 전문 식당이 있었고, 이
중에는 24시간 영업을 내건 음식점이 있었을 정도였습니다.
　　요즘도 딤섬 전문점에 가면 수십 가지의 딤섬 종류에 놀
라게 되는데, 하나의 요리를 이렇게 다양하게 만들어낸 것도
바로 송나라 때부터입니다. 수나라에서 처음 기초를 닦은 운
하가 이 무렵부터는 실질적인 '국가 운송의 혈관'으로 기능하
기 시작했는데, 개봉은 4개의 주요 운하가 연결된 도시였습니
다. 이렇게 유통의 발달과 함께 전국 각지에서 올라오는 농산
물과 해산물을 새롭게 재해석해 내놓은 요리들이 인기를 얻
기 시작했습니다. 또, 설탕과 꿀을 이용한 과자나 빙과류 등
디저트를 전문으로 판매하는 가게들도 인기를 얻었는데, 여
러모로 지금의 서울과 다를 바가 없어 보입니다.
　　그래서 베테랑 식객으로 자평하는 중국의 유명 역사작가
인 리카이저우李開周는 만약 과거로 돌아갈 수 있다면 송나라
로 떠날 것을 자신 있게 권합니다.
　　그렇다면 왜 송나라였을까요? 이전의 당나라도, 이후의
명나라도 아닌 왜 하필 송나라 때 이런 음식 혁명이 일어났을

까요?

중화요리 '불맛'의 비밀

드라마나 영화에 나오는 중화요릿집을 보면 거대하고 무거운 철냄비가 늘 등장합니다. 이것을 웍Wok이라고 하는데, 중화요리에 특별함을 더하는 특유의 '불맛'이 여기에서 나옵니다. 높은 화력을 이용해 굽고, 찌고, 볶는 과정에서 특유의 맛과 향이 다른 음식을 압도해버리지요.

예를 들어 한국인의 '소울푸드'라고 불릴 만큼 한국화된 짜장면도 춘장과 각종 야채와 고기를 섞어 식용유에 볶는 과정이 맛의 90%를 결정한다고 하는데, 웍이 아니라면 그 맛 나기가 어려울 겁니다. 또, 웍은 무쇠로 만들어져 매우 무겁다 보니 다루는 데도 고도의 기술이 필요합니다. 바로 이 웍이 처음 사용된 것이 송나라 때입니다. 즉, 우리가 기억하는 중화요리의 '불맛'의 시작점인 것이죠. 나름의 이유가 있습니다.

첫 번째는 연료에 있습니다. 송나라 때 중국의 에너지 혁명을 일으킨 연료, 석탄입니다. 석탄을 사용하면서 이전에 나무로 화력을 일으킬 때보다 압도적인 고온으로 음식을 조리할 수 있게 된 것이죠. 중화요리는 일본 요리보다 3배가량의 화력이 필요하다고 합니다. 이렇게 강력한 화력으로 음식을 만들어낸 덕분인지 중국인들은 요리를 날로 먹기보다는 찌거나 볶아 먹는 쪽을 선호하게 됐습니다. 물도 마찬가지입니다. 차가운 생수를 마시기보다는 뜨거운 차를 마시는 쪽이죠.

83

송나라 휘종徽宗(재위 1100~1125) 시기 궁중 생활과 미식 문화를 사실적으로 묘사한 '문회도文會圖'의 일부. 왕과 귀족들의 연회 장면을 그림에 담았다.

두 번째 요인은 무쇠입니다. 석탄으로 일으키는 고온을 견디려면 웍처럼 단단한 무쇠로 만들어야 합니다. 그런데 당시 중국엔 이런 무쇠가 충분치 않았기 때문에 일본에서 무쇠를 대량으로 수입했습니다. 일본 사무라이들이 쓰는 칼을 수입했던 것인데,[11] 일본인들은 중국에서 무기를 수입한다고 생각했겠지만, 실은 조리 도구를 만드는 재료로 재활용된 것이죠. 송나라가 역사상 무력이 가장 약했던 나라로 꼽히는 이유가 있는 것 같습니다.

세 번째는 기후였습니다. 얼마 전 해외의 한 미식 평가 매체가 '세계 최악의 음식 100선'을 공개해서 화제가 됐는데, 1위와 2위 모두 아이슬란드 요리였습니다. 또, 세계적으로 음식이 맛없기로 유명한 나라로는 영국이 있습니다. 많은 국제 요리가 들어온 서울에 '영국 레스토랑'을 거의 찾아보기 어렵다는 사실에서도 알 수 있죠. 영국인들도 '영국 음식은 맛없다'며 많은 농담을 만들곤 합니다.

아이슬란드는 북반구에서 가장 높은 위도에 위치한 나라로 수도 레이캬비크가 북위 64도 이상이며, 영국 역시 유럽의 주요 국가들에 비해 높은 북위 50도대에 자리잡고 있습니다. 위도가 높으면 그만큼 기후가 상대적으로 더 서늘한데, 이는 다양한 식재료의 부족, 그리고 조금 더 단순한 음식 문화로 이어지기 쉽습니다.

그런 만큼 송나라 시대의 식탁이 풍성해진 데는 기후의 공헌을 빼놓을 수 없습니다. 이 시기는 중국 역사에서 삼국 시대부터 시작된 기나긴 한랭기가 지나고, 본격적인 온난기로 접어든 시기였습니다. 농작물은 잘 자랐고, 숲이 되살아났으니 동식물도 풍부해졌겠죠. 재료가 다양해지니 요리가 발전할 수밖에 없었습니다.

어떤 학자들은 당시 송나라를 둘러싼 지정학적 요인이 음식에 집착하게 만들었다고도 합니다. 송나라는 거란(요), 여진(금), 몽골(원) 등 이민족의 침입에 끊임없이 시달리다가 나중엔 금나라에 화북을 내주고 양자강 일대로 수도를 옮겨 남송을 세우기도 했습니다. 이런 환경에서 오는 불안과 좌절이 탐미적인 인생관을 만들었고, 다양한 음식에 대한 집착으로 이어졌다는 것이죠. 맛있는 음식을 먹으며, 잠시나마 현실의 불안감을 잊고 싶었을까요. 소동파도 이런 사회 분위기에 맞춰 귀양 생활의 시름을 요리로 달랬던 것은 아니었을까요?

고려를 싫어한 소동파

일각에서는 그가 유배를 자주 다니다 보니 요리 실력이 늘어난 것 아니겠냐는 이야기도 있습니다. 좋은 재료를 구하기 어려운 형편 속에서 식사를 스스로 챙겨야 했던 환경 '덕분'이라는 것이죠. 그는 실제로 요리책을 낼만큼 요리 보급에도 열심이었으니, 어쩌면 '송나라의 백종원'이라고 부를 수 있을지도 모르겠습니다.

유배지 음식으로 만든 동파육이 널리 퍼지게 된 것도 그가 항주杭州(항저우)에서 태수로 있으면서 보급한 덕분입니다. 항주에는 서호西湖라는 유명한 호수가 있는데, 잡풀이 무성하게 자라면서 호수 기능을 잃자 소동파는 제방 공사를 벌였습니다. 공사를 마치자 백성들이 감사의 의미로 돼지고기와 술을 가져왔는데, 소동파는 "혼자 먹기엔 많다"며 인부들에게 나눠주고 동파육의 조리법을 알려줬다고 합니다. 이 맛에 반한 사람들이 '동파육'으로 이름을 붙였다는 것이죠. 그래서인지 동파육은 발상지인 황주보다 이때 배워간 항주의 것이 더 유명합니다. 저도 대학 시절 유적답사를 갔을 때, 교수님께서

"항주에 왔으면 반드시 먹어봐야 한다"며 동파육을 사주신 기억이 있습니다.

한편 소동파는 '적벽부赤壁賦'를 비롯해 많은 시를 남겼고, 고려에도 많은 팬이 있었습니다. 소동파와 동시대 사람인 김근은 팬심이 어찌나 강했는지 아들들에게도 소동파 형제(소식·소철)의 이름을 하나씩 붙였습니다. 이에 따라 셋째가 김부식, 넷째가 김부철이 됐습니다. 이중 김부식은 훗날 《삼국사기》를 편찬하면서 소동파 못지않은 명성을 날리게 됩니다. 김근은 송나라에 사신으로 갔던 기록도 있으니, 어쩌면 비교적 빨리 소동파의 시를 접했을지도 모르겠습니다.

이처럼 고려에 두터운 팬덤을 형성한 소동파였지만, 정작 그 자신은 고려에 대해 매우 부정적이었습니다. 당시 고려는 송나라의 주요 교역국이었는데, 소동파는 고려에서 사신이 올 때마다 답례품 등으로 너무나 많은 세금이 낭비되고 있고, 고려가 송나라의 허와 실을 정탐해 거란 등에 넘긴다며 고려와의 외교 단절을 촉구했습니다. 고려와 교류하는 것은 "이익은 없고 다섯 가지 손해만 있다"라고 말했을 정도입니다. 물론, 고려는 거란의 스파이는 아니었지만, 그가 분개한 것은 나름의 이유가 있었습니다.

잘 알려져 있다시피 송나라는 군사력이 약해 거란·여진 등 유목 민족 세력의 압박에 시달렸습니다. 그런 송나라에 고려는 중요한 이웃이었습니다. 고려의 사신이 올 때마다 송나라가 비싼 선물을 한 보따리씩 내렸던 것도 고려와 연합 작전을 벌여 거란이나 여진을 견제하고자 했던 바람이 있었기 때

기후의 축복이 깃든 식탁 – 수호지

문입니다.

　그런데 고려는 막상 군사 이야기가 나올 때마다 딴청을 부렸습니다. 고려의 입장에서 볼 때 송나라는 무역으로 이익을 낼 수 있고, 선진 문화를 배울 수 있는 이웃 국가이기는 했지만, 그들을 위해 전쟁이라는 불구덩이에 같이 뛰어들 생각은 조금도 없었던 것이죠. 고려 입장에서는 '실리 외교'라 할 수 있겠지만, 송나라 입장에서는 당연히 섭섭함 이상의 감정이 들었을 테고, 그러한 '반反고려' 정서를 대표하는 인사가 소동파였습니다. 이처럼 고려를 싫어했던 소동파이지만, 그의 시는 널리 읽혔고 심지어 자식들의 이름까지 따라 했으니, 그러고 보면 소프트파워는 하드파워를 능가하는 것 같습니다. 중국에서 한한령限韓令을 내려도 K-POP이 여전히 인기가 있는 것처럼 말이죠.

1장 적응과 번영의 풍경

온난화로 울고 웃은 영국의 와인

❖ 중세 온난기의 햇살이 따스하게 비춰준 것은 유럽도 마찬가지였습니다. 덕분에 이 시기엔 위도로는 꽤 북방에 해당하는 영국(잉글랜드)에서도 포도를 재배해 와인을 만드는 일이 활발했습니다. 와인 재배를 독려했던 것은 영국의 새 지배자가 된 노르만 왕조였습니다. 여기에는 역사적 배경에 대한 설명이 조금 필요합니다.

중세 온난기, 유럽의 주인공을 꼽으라면 단연 바이킹입니다. 이들은 유빙이 녹은 바다를 휘젓고 다니며 러시아부터 시칠리아 섬에 이르기까지 유럽 곳곳으로 진출했습니다.

이때 바이킹들이 획득한 땅 중에 프랑스 북서부 노르망디가 있었는데, 1035년 기욤이라는 소년이 8세에 노르망디 공작에 오릅니다. 그리고 1066년 잉글랜드로 쳐들어간 기욤은 헤이스팅스 전투에서 대승을 거두고 노르만 왕조를 개창했습니다.

이때부터 기욤은 노르만 왕조의 시조 윌리엄 1세, 또는 '정복왕 윌리엄'이라는 거창한 별칭으로 불리게 됩니다. 사실 브리튼섬 하나, 그것도 스코틀랜드와 웨일스를 제외한 반쪽을 점령했을 뿐이지만요. 그러고 보면 세계사에서 영국과 관련되면 어딘가 부풀려지는 경향이 있습니다.

이때부터 프랑스 문화가 잉글랜드 곳곳에 침투하기 시작했습니다. 그것은 노르만 왕조의 선조들이 911년 노르망디에 정착한 이래 200년 가까이 이 지역에서 살아왔기 때문입니다. 그러니 바이킹이라고 해도 실은 프랑스인이나 다름이 없었던 것이죠.

지금도 영어 단어의 30~40%가량이 프랑스어에 뿌리를 두고 있다는데, 이때 프랑스어를 썼던 지배자들의 영향입니다. 어딘가 고상해 보이는 centre, court, royal, saint 등의 단어는 대체로 프랑스어에서 왔다고 합니다.

이때 퍼진 문화 중엔 와인도 빠질 수 없었습니다. 프랑스 문화를 향유했던 노르만 왕조의 상류 계급들은 잉글랜드를 정복하면서 곧바로 와인 재배에 착수합니다. 그리고 앞에서도 다뤘듯이 온화한 기후 덕에 어렵지 않게 포도 농장을 일굴 수 있었습니다.

윌리엄 1세는 잉글랜드 전역의 토지와 재산을 조사해 기록한 '둠스데이 북Domesday Book'의 편찬 사업으로도 유명한데, 이 책에는 잉글랜드 45개 지역에 조성된 포도밭이 등장합니다. 대개 잉글랜드 남동부에 집중되어 있습니다.

이대로 쭈욱 갔다면 잉글랜드 역시 프랑스 못지않은 와인 생산국으로 이름을 남겼을지도 모르지만, 역사는 그렇게 놔두지 않았습니다.

'아키텐의 엘레노어Eleanor of Aquitaine'는 영국과 프랑스, 아니 유럽 역사에서 가장 독특한 족적을 남긴 여성을 꼽으라면 아마도 열 손가락 안에 들어갈 인물입니다.

원래 프랑스 국왕 루이 7세의 왕비였던 그녀는 여러 가지 문제로 남편을 떠나 9세 연하의 영국 귀족 헨리 플랜태저넷과 결혼했습니다.

헨리 플랜태저넷은 얼마 후 잉글랜드 국왕 헨리 2세로 즉위했는데, 여기서 프랑스로는 뼈아픈 문제가 발생해습니다. 엘레노어는 프랑스 서남부의 아키텐 지역의 공작이기도 했기 때문에 아키텐이 모두 잉글랜드의 영토로 들어가게 된 것이죠. 그러니까 아키텐은 '돌싱' 엘레노어의 지참금이었던 셈입니다. 이 문제는 훗날 백년 전쟁의 도화선이기도 했습니다.

프랑스에 있는 잉글랜드로서는 떡이 절로 굴러온 셈이었는데, 와인 산업에는 어두운 그림자를 드리우는 일이기도 했습니다. 왜냐하면 아키텐을 대표하는 도시 보르도는 와인의 명산지로서 유명했기 때문이죠.

날씨가 온화해져 잉글랜드에서 와인을 만들었다곤 하지만, 그래도 유럽을 대표하는 프랑스 와인을 누를 정도의 품질은 아니었겠죠. 노르만 왕조의 귀족들은 아키텐을 확보하자마자 보르도에서 막대한 와인을 수입하기 시작했습니다. 이때부터 잉글랜드 와인 산업은 경쟁력을 잃고, 휘청이게 됐습니다.

그래도 와인 산업이 완전히 무너지지 않고 버틸 수 있었던 건 당시의 열악한 유통망 사정이었습니다. 뱃길로 며칠이 걸리는 데다 수송량도 많지 않았기 때문에 보르도 와인은 상대적으로 비쌀 수밖에 없었습니다. 덕분에 잉글랜드 와인은 저렴한 가격을 앞세워 국내 시장에서 어느 정도 통했습니다.

이렇게 겨우 버텨나가던 잉글랜드 와인 산업을 결정적으로 기울게 만든 건 역시 기후입니다. 유라시아 대륙은 14세기부터 한랭기에 접어들기 시작했는데, 잉글랜드도 그 영향을 받기 시작한 것이죠. 보르도 와인으로 경쟁력을 잃기 시작했던 잉글랜드 와인은 한랭기라는 철퇴를 맞고 완전히 쓰러지고 맙니다.

그런데 최근 온난화가 진행되면서 잉글랜드에서는 다시 와인 산업이 부흥기를 맞이했다고 하네요.

2025년 영국식품기준청Food Standards Agency에 따르면, 영국에서는 현재 1,158개의 포도밭이 운영 중이며 면적은 4400만㎡(약 1331만 평)에 달합니다. 우리가 면적을 비교할 때 곧잘 끌어다쓰는 여의도와 비교한다면 15배 정도 큰 규모입니다. 여기서 1억 2437만 리터(1650만 병 이상)의 와인이 생산됐다고 합니다. 물론, 프랑스(약 45억 리터)와 비교하면 아직은 아기 걸음마 수준입니다.

하지만 여기에는 기후에 대한 고찰이 빠질 수 없는데요. 영국에서 와인 생산이 활발해질 만큼 따뜻해진다면, 반대로 남유럽에선 그만큼 뜨거워졌다는 이야기가 되겠죠.

2024년 프랑스 와인 생산은 전년 대비 23%가량이 급감했고, 포도밭 면적도 5000만㎡가량이 감소했다고 하네요. 그러니까 영국 포도밭 면적만큼이 줄어든 겁니다. 너무 더워진 기후 때문에 이전과 같은 와인을 생산하기 어려워진 것이죠.

2024년 네이처에 실린 한 연구논문에 따르면 21세기 말까지 스페인·이탈리아·그리스·남부 캘리포니아 해안 저지대 등에 있는 와인 산지의 90%가 사라질 수 있다고 하네요.

반면, 영국의 와인 산업은 콧노래를 부르고 있습니다. 포도 재배 면적은 지난 10년간 123% 증가했고, 품종도 과거엔 라이헨슈타이너Reichensteiner 같은 서늘한 기후에서 자라는 독일 품종이 다수였다면 지금은 샤르도네Chardonnay나 피노 누아Pinot Noir 등 프랑스 샹파뉴 지방 품종들이 많다고 합니다. 영국의 포도 농장주들은 온난화로 미소 짓고 있지 않을까요.

2장

생존을 위한 대이동

기후에 몰린 유랑의 역사

북쪽에서 내려온 건국 설화의 주인공들

삼국사기

"시조 추모 왕(주몽)은 북부여北夫餘에서 태어났다." – 광개토대
왕릉비

"유리가 찾아와 태자가 되자, 비류와 온조는 열 명의 신하와 함
께 남쪽으로 떠났다." –《삼국사기》,〈백제본기〉

"(석)탈해는 본디 다파나국多婆那國 소생이다. 그 나라는 왜국倭
國 동북쪽 1천 리에 있다." –《삼국사기》,〈신라본기〉

우리에게 너무나 익숙한 삼국의 건국 설화입니다. 여기에는
공통점이 있는데, 눈치채셨나요? 건국자들이 모두 북쪽에서
내려왔다는 점을요.《삼국사기》를 처음 읽었을 땐 느끼지 못
했는데, 두세 번 읽다 보니 이런 생각이 들었습니다. '신라는
워낙 남쪽에 치우쳐 있으니 그렇다 쳐도, 지금의 서울에서 출
발한 백제나, 압록강 일대에서 일으킨 고구려도 왜 다들 북쪽
에서 내려왔을까. 남쪽에는 인물들이 없었던 걸까.'

가자, 남쪽으로

1983년 중국 요령성遼寧省(랴오닝성) 우하량에서 발견된 유물들이 중국 고고학계와 역사학계를 충격에 빠뜨렸습니다. 용과 돼지를 합친 듯한 옥저룡玉猪龍, 흙으로 빚은 여신상과 거대한 제단, 곰의 턱뼈와 진흙으로 빚은 곰 조각상…

중국 홍산 문화의 대표적 유물 중 하나인 옥저룡

중국은 이때까지 '기원전 4500년경 황하에서 문명이 시작되어 사방으로 퍼져 나갔다'고 주장해 왔지만, 이곳에서 발견된 유물들은 비슷한 시기 만주에서도 고도로 발달한 종교와 정치 체제를 갖춘 독자적인 문명이 존재했다는 것을 분명히 보여주고 있었습니다.

결국 중국은 이제까지 고수했던 황하 중심의 '일원론'을 버리고, 여러 곳에서 문명이 동시다발적으로 시작됐다는 '다원론'을 수용할 수밖에 없었습니다. 학자들은 수천 년 전, 지금의 요하 일대에서 만들어진 문명을 홍산 문화紅山文化라고 명명했습니다. 홍산 문화는 기원전 3000년경 홀연히 사라졌습니다. 이유는 조금 뒤에 살펴보겠습니다.

기원전 2000년~기원전 1500년, 천여 넌의 공백 후 이 지역에 새로운 문명이 등장합니다. '하가점夏家店 하층 문화'라

북쪽에서 내려온 건국 설화의 주인공들 – 삼국사기

고 부르는데, 우리 역사에서도 중요한 의미가 있습니다. 이들은 돌을 활용해 이중 방어 시설을 갖춘 성을 짓고, 조와 기장 등을 재배하며 농경을 본격적으로 시작했던 것으로 확인됐는데, 바로 《삼국유사》에 기록된 고조선 건국(기원전 2333년)과 연결되고 있는 문명입니다.

하가점 하층 문화는 기원전 1500년을 기점으로 조금씩 쇠퇴했는데, 기후가 한랭 건조해지면서 농경을 지속할 수 없었기 때문입니다. 선진 농경 기술을 지닌 이들은 기후 변화를 피해 농사를 지을 땅을 찾아 남쪽으로 이동하기 시작했고, 이들의 눈에 들어온 곳이 바로 한반도였습니다.

이후 만주와 한반도에는 하나의 패턴이 만들어집니다. 온난기에는 요하 유역의 기온이 올라가고 강수량이 늘어나면서 식량이 풍부해져 인구가 폭발적으로 증가합니다. 그러다가 수백 년에 한 번씩 심각한 한랭기가 찾아오면, 식량이 고갈되면서 늘어난 인구를 감당할 수 없어 일부가 농경 가능한 지역을 찾아서 한반도로 내려오는 것이죠. 이들은 기존 토박이 세력과 충돌하면서도 한편으로는 선진 문화를 전파하여 건국 설화에도 다양한 형태로 흔적을 남겼습니다.

조몬 토기의 비밀

여기서 잠깐 일본 고대 문화를 살펴볼까요. 몇 해 전, 도쿄국립박물관에 간 적이 있습니다. 일본 신석기 시대에 해당하는

2장 생존을 위한 대이동

조몬繩文 토기를 보기 위해서였
습니다. 영국박물관 일본관
에서 조몬 토기를 본 뒤로
꼭 한번은 제대로 보고 싶었
습니다. 본토에서 다시 찾은
조몬 토기는 역시 기대를 저버
리지 않았습니다.

조몬 토기

불꽃을 형상화한 듯 과감하고 화
려한 조형의 토기들은 마치 현대 미술의
작품 같아서 '저게 정말 수천 년 전 사람
의 머릿속에서 나온 아이디어가 맞나' 싶
을 정도였습니다.

하지만 놀랄 것이 더 남아 있었습니다. 조몬 시대가 지나
고 야요이彌生 시대에 만들어진 토기들이었는데, 앞서 현란한
자태로 눈을 감탄시키던 토기들은 어디론가 사라지고 갑자기
투박하고 밋밋한 스타일로 나타나 혼란스러웠습니다. '아니,
시대가 나아가고 있는데 토기는 왜 더 조악해졌지?' 당황해서
다시 확인했지만, 역시 야요이 시대의 토기가 맞았습니다.

박물관에서 조몬 시대에 대한 설명문을 보고 나니 왜 이
런 후퇴 현상이 벌어졌는지 이해가 됐습니다. 조몬 시대는 기
원전 1만 4800년부터 기원전 300년까지 굉장히 긴 시기를
가리킵니다. 이중 후세의 눈을 즐겁게 해준 토기의 제작 시기
는 기원전 3500~기원전 2500년에 해당하는데 일본에서는
'기후 최적기'였습니다.

북쪽에서 내려온 건국 설화의 주인공들 – 삼국사기

도쿄국립박물관에 전시된 조몬 시대 토기

야요이 시대에 만들어진 토기로 비교적 단조로운 형태가 특징이다.

울창한 숲에는 도토리나 호두와 같은 나무 열매가 넘쳐났고 바다에도 물고기가 가득했습니다. 식량이 풍부하니 인구가 늘고 여유가 있었겠죠. 농경이 아니더라도 정착 생활이 가능했던 게 이때 일본 열도의 환경이었습니다.

배부르고 따뜻하면 인류는 무언가 추상적이고 창조적인 활동에 시간을 쓰는 경향이 있습니다. 일본 조몬인들이 그랬습니다. 그래서 이들은 아주 독특한 예술 양식의 토기를 굽기 시작했습니다. 생김새에서 짐작할 수 있듯이 학자들은 여기에 식량을 저장했다기보다는 예술용, 종교용으로 만들었을 것으로 추정합니다.

그런데 이런 '잔치'도 언제까지나 계속될 수는 없었습니다. 기원전 2000년부터 급작스럽게 기온이 내려가기 시작했습니다. 해수면이 낮아지면서 이전처럼 물고기나 조개를 잡기가 어려워졌고, 울창한 나무가 사라져가면서 숲이 가져다주던 식량의 풍족함도 사라졌습니다. 이제 생존을 위해 이동해야 했습니다. 과거의 선조들처럼 화려한 토기들을 만들어 쌓아둘 여유가 없어졌다는 이야기입니다. 언제든 들고 이동할 수 있는, 보다 실용적인 디자인이 필요했습니다. 그렇게 야요이 시대 사람들은 전보다 단순한 토기를 굽기 시작했습니다.

얼어붙은 문명

비슷한 상황이 요하 일대에서도 펼쳐졌습니다. 앞서 홍산 문화가 홀연히 사라지고, 1000년의 공백 후 하가점 하층 문화

북쪽에서 내려온 건국 설화의 주인공들 – 삼국사기

우하량 유적은 홍산 문화가 이미 문명 단계에 진입하였다는
'요하문명론'에 중요한 근거가 되고 있어 상징하는 바가 크다.

가 나타났다고 했는데, 사실 그 공백기에 문명이 전혀 없었던 것은 아닙니다. '소하연 문화小河沿文化'라고 부르는 문명이 분명히 존재했습니다.

다만 이 시기가 '공백'처럼 느껴질 만큼 수준이 현저히 낮았습니다. 후세 사람들을 깜짝 놀라게 만들었던 거대한 제단(여신묘)이나 정교한 옥 장신구와 채색 토기들은 사라지고, 야요이 시대처럼 투박하고 장식 없는 토기들을 남겼을 뿐입니다.

왜 이런 일이 벌어졌을까요. 홍산 문화는 요하 서북 쪽에 있는 내몽골 적봉赤峰(츠펑)시와 요령성 조양朝陽(차오양)시 일대에서 발달했습니다. 이곳은 농경 지대와 유목 지대가 만나는 점이漸移 지대로 다양한 세력이 뒤섞이며 새로운 문화가 만들어지기 좋은 곳이지만, 기후 변화에는 민감한 편입니다. 이러한 곳에 기원전 4000년~기원전 3500년 사이 급격한 한랭 건조화가 일어났습니다. 강수량이 줄어들자, 북쪽에 있던 호르친 모래지대Horqin Sandy Land가 급격히 확장하면서 사막화가 진행됐습니다. 고고학자들은 적봉시 일대 홍산 문화의 위층에서 두꺼운 모래 퇴적층을 발견했는데, 이때의 사막화로 농업 기반이 완전히 파괴됐음을 짐작할 수 있습니다.

야요이 시대 사람들이 화려한 토기를 남긴 조상들과 달리 투박한 토기를 남겼듯, 소하연 문화도 이전에 자리 잡았던 홍산 문화처럼 멋진 옥기와 전율을 일으키는 여신상 등은 만들 처지가 안 됐던 것이죠.

처음에는 자신들이 모시던 여신에게 호소하며 거대한 종교 행사를 벌였을지도 모릅니다. 하지만, 여신은 응답하지 않았고, 여유가 사라진 이들은 뿔뿔이 흩어져 그날그날 살아갈 식량을 찾는 게 삶의 목표가 됐습니다. 체념과 냉담, 미래에 대한 비관, 현실주의의 득세… 저성장 시대의 모습이란 예나 지금이나 다르지 않습니다.

요즘 한국, 일본 등에서도 가끔 1980~1990년대의 여유롭고 긍정적인 고성장 시대의 분위기를 그리워하는데, 어쩌면 야요이 시대와 소하연 문화의 주인공들이 그랬을지도 모릅니다. 조상들이 만든 토기들을 만지작거리면서 "예전엔 말이야~" 하는 것이죠.

북쪽에서 내려온 건국 설화의 주인공들 – 삼국사기

이마저도 어려운 이들은 농경이 가능한 땅을 찾아 새로운 여정을 시작할 수밖에 없었습니다. 바로 우리 역사의 시작을 알리는 '기후 난민'이었던 것이죠.

단군 설화가 말해주는 것

이와 관련해 《삼국유사》 속 단군 설화는 재미있는 포인트를 몇 가지 던져줍니다.

"《고기古記》에 이르기를 옛날에 환인桓因의 서자 환웅桓雄이 있어서 자주 천하에 뜻을 두어 인간 세상을 구하기를 탐냈다. 아버지가 아들의 뜻을 알고 천부인天符印 3개를 주고 가서 그곳을 다스리도록 하였다. 환웅은 무리 3,000명을 이끌고 태백산정太伯山頂의 신단수神壇樹 아래로 내려왔으니, 그곳을 신시神市라 부르고 이분을 환웅천왕桓雄天王이라고 부른다. 풍백風伯, 우사雨師, 운사雲師를 거느리고 곡식, 운명, 질병, 형벌, 선악 등을 주관하니 무릇 인간의 360여 일들을 주관하여 세상에 있으며 다스리고 교화하였다."

천제의 아들 환웅은 풍백·우사·운사와 3,000명의 무리를 거느리고 내려왔습니다. 한자에서 나타나듯이 풍백은 바람, 우사는 비, 운사는 구름을 가리킵니다. 이것은 농경을 좌우하는 날씨의 핵심입니다. 즉, 환웅과 그의 무리는 농경 지식이 뛰어났던 그룹이었을 겁니다.

아마도 이들은 추워지고 사막화가 진행되던 만주나 내몽골 어디쯤인가에서 농사를 지을 땅을 찾아 내려왔던 사람들일지도 모릅니다. 그리고 곰과 호랑이를 토템으로 받들던 두 부족과 오랜 기간에 걸쳐 극심한 갈등과 협력을 반복하다가 결국 이주민(환웅)+토착민(곰 부족)이 농업을 기반으로 하는 연합 정권(고조선)을 만드는 데 성공했던 것이 아닐까요.

예전엔 단군왕검이 아사달에 도읍을 세운 시점(기원전 2333년)이 중국 요순 시대의 요堯 임금과 같은 때라서 그저 전설상의 이야기로 치부했지만, 기후는 새로운 가능성을 열어주었습니다.

《삼국유사》에서 단군 설화의 마지막 부분은 이렇게 마무리됩니다.

"(단군왕검이) 평양성平壤城에 도읍하여 처음으로 조선朝鮮이라 칭했다. 또 도읍을 백악산白岳山 아사달阿斯達로 옮겼는데, 또는 궁홀산弓忽山이나 금미달今彌達이라고도 한다. 나라를 다스림이 1500년이었다. 주周 호왕虎王 즉위 기묘년에 기자箕子를 조선에 봉하니, 단군은 이에 장당경藏唐京으로 옮겼다가 뒤에 돌아와 아사달阿斯達에 숨어서 산신山神이 되었다. 나이는 1908세였다고 한다."

이 부분을 앞에서 한반도와 요하 일대의 관계를 함께 살펴보면 어떨까요. 만주 요하 일대에서 농사를 짓던 주민들은 기후가 한랭해지면, 더 나은 환경을 찾아 한반도로 밀려 들어왔습니다. 그런데 농경 문화권은 기본적으로 배타적입니다. 한정된 농경지를 놓고 경쟁해야 하기 때문입니다. 물을 확보하는 것도 만만치 않습니다.

이런 가운데 대규모 이주민들이 밀려 들어오면 인구가 급격히 늘어나고, 환경이 훼손되며, 인프라와 식량이 부족해집니다. 갈등은 불 보듯 뻔한 일입니다.

환웅으로 대표되는 거대한 1차 이주 그룹은 곰 부족과 연합에 성공하면서 단군-고조선 정권을 만들어냈습니다. 하지만, 그 후에는 상황이 조금 달랐던 것 같습니다. 중국 주나라에서 기자를 조선에 보내자 단군은 장당경으로 옮겼다고 하는데, 이것은 기자로 대표되는 2차 이주 그룹과 단군으로 대표되는 1차 이주 그룹(고조선 건국 세력) 사이에 충돌이 벌어졌고, 결국 단군 그룹이 패배하면서 근거지를 옮겼다는 의미 같습니다. 이후 단군은 어찌어찌 돌아오긴 했지만, 아사달에 숨어서 산신이 되었다고 하니 정치 권력을 다시 잡는 데는 실패했던 것이 아닐까요.

이렇게 고대 한반도와 만주는 기후라는 '펌프'에 의해 인구가 밀려 들어왔다 나갔다 하는 하나의 거대한 유동적 공간이었고, 선조들은 이를 통해 선진 문물을 수용하고 발전시키며 고대 사회를 만들어 나갔습니다.

2장 생존을 위한 대이동

영거 드라이아스기의 종말과 노아의 방주

✤ 비는 40일 밤낮을 쉴 새 없이 쏟아졌습니다. 비가 그친 뒤에도 물은 150일 동안 지상을 뒤덮었고, 물이 줄기 시작해 산봉우리가 드러나면서 물 위에 떠 있던 방주가 다다른 곳은 아라라트산이었습니다.

구약성서《창세기》에 기록된 '노아의 방주' 설화는 세계 곳곳에 남아 있는 대홍수 설화 중 가장 유명한 이야기입니다. 노아의 방주뿐 아니라 중국의 '곤鯀과 우禹의 치수', 북미 원주민(호피족)의 '거미 할머니와 갈대 이야기' 등 세계 곳곳에는 200여 개의 대홍수 설화가 전해지는 것으로 알려져 있습니다.

이처럼 각지에 대홍수와 관련된 전승이 남아 있는 것에 대해 학자들은 약 1만 2800년 전(기원전 1만 800년경) 영거 드라이아스기Younger Dryas로 불리는 마지막 빙하기가 끝나자 그동안 지구를 두껍게 덮고 있는 빙하가 녹으면서 해수면이 상승하고 전 지구적으로 거대한 홍수를 일으켰다고 이해합니다.

아라라트산은 지금의 튀르키예, 아르메니아, 이란 국경을 접하고 있는 지역에 우뚝 솟은 해발 5,137m의 산입니다. 아르메니아에서는 노아의 방주가 안착한 신성한 곳으로 여기며 아르메니아 국장國章에도 아라라트산과 방주를 그려 넣었습니다. 아르메니아인들은 방주를 만든 노아의 5대손 하이크Hayk

가 민족의 시조라고 주장합니다.

한편, 튀르키예 남부에는 괴베클리 테페Göbekli Tepe를 비롯해
영거 드라이아스기 이후 만들어진 여러 유적이 발견되고 있어
고고학계를 흥분시키고 있습니다. 가장 먼저 알려진 괴베클리
테페는 최대 높이 5.5m, 무게 10~20톤에 이르는 T자형 돌기
둥들과 원형 구조물들로 유명한데, 발굴 조사를 이끌었던 독
일 고고학자 클라우스 슈미트는 2010년 이 유적의 가장 오래
된 부분이 기원전 9600년경 건설됐다고 발표해 큰 충격을 안
겼습니다.

이것은 이집트 기자Giza의 대피라미드가 건립
된 시기(기원전 3000년경)보다 7000년가량
앞서고, 인류 최초의 문자를 발명했다는
수메르 문명보다 6000년이 앞섭니다.
당시에 이 같은 건축물을 남길 만큼의
지식과 기술을 갖춘 인류가 있었을지를
놓고 논쟁이 이어지기도 했지만, 현재 괴
베클리 테페 외에도 조금 더 오래된 것으
로 추정되는 카라한 테페Karahan Tepe 등 비
슷한 시기의 유적지들이 확인되고 있어 이제
는 물음표가 거의 지워진 상태입니다.

아르메니아 국장.
중앙에 아라라트산과
방주를 상징하는
그림이 들어가 있다.

또 괴베클리 테페는 오랫동안 지속된 인류학의
믿음, '수렵 채집→농경 시작→정착 생활→종교의 탄생'의
순서도를 깨고, '수렵 채집→정착 생활→종교의 탄생→ 농

홍수 이후 노아의 방주가 도착했다고 전해지는 아라라트산과 괴베클리 테페의 위치

신전으로 사용한 괴베클리 테페의 발굴 모습

경 시작'이라는 새로운 가설을 탄생시켰습니다. 유적 주변에서 발견된 뼈와 식물 흔적을 분석한 결과 이들은 농경민이 아니라 수렵 채집민으로 밝혀졌기 때문입니다.

그래서 "배가 불러야 문명을 만든다(농경 우선)"는 기존 가설을 깨고, "신을 찾기 위해 한데 모여 종교 의식을 치루다 보니 농사가 필요해졌다"는 주장이 가능해졌습니다. 사람들이 모여들자 먹거리 수요가 급증했고, 수렵 채집만으로는 제사와 연회에 쓸 음식을 충당하는 데 한계가 있었다는 것이죠.

대홍수 이후 노아의 방주가 도착했다고 전해지는 아라라트산에서 크게 멀지 않은 곳에 이러한 유적들이 나타난다는 것은 흥미로운 지점이 아닐 수 없습니다.

비를 좇아 이동한 최초의 기후난민

구약성서

"여호와께서 아브라함(아브람)에게 이르시되 너는 너의 고향과 친척과 아버지의 집을 떠나 내가 네게 보여줄 땅으로 가라. 내가 너로 큰 민족을 이루고 네게 복을 주어 네 이름을 창대하게 하리니 너는 복이 될지라"

구약성서 《창세기》에는 '믿음의 조상' 아브라함이 선조가 살았던 고향 갈데아 우르를 떠나기로 하는 과정이 나옵니다. 이때 아브라함은 고희를 훌쩍 넘은 75세. 익숙한 곳을 떠나 새로운 삶을 펼치기에 적지 않은 나이였습니다. 심지어 그가 거주하던 갈데아 우르는 메소포타미아 지역으로 문명이 가장 발달한 곳이었습니다. 식량, 교육, 치안, 시장 등 모든 인프라를 따져볼 때 이곳을 능가하는 지역은 당시 지구에 없었다고 해도 과언이 아닙니다. 예나 지금이나 사람이 사는 데 있어 중요한 것은 크게 다르지 않습니다. 가장 안전하고 삶의 수준이 높은 도시를 떠난다는 것은, 심지어 조상부터 대대로 살아왔던 곳을 떠난다는 것은 좀처럼 쉬운 결정이 아니었을 겁니다. 하지만 아브라함은 주저 없이 결정했습니다. 왜냐하면 신의 목소리를 들었기 때문이죠.

아브라함의 이주는 이후 새로운 도전을 망설이는 사람들에게 용기와 영감을 줬습니다. 70대 고령임에도 익숙한 고향을 버리고 떠나 큰 성공을 거뒀기 때문이죠.

"내가 너로 큰 민족을 이루고 네게 복을 주어 네 이름을 창대하게 하리니 너는 복이 될지라. 너를 축복하는 자에게는 내가 복을 내리고 너를 저주하는 자에게는 내가 저주하리니 땅의 모든 족속이 너로 말미암아 복을 얻을 것이라"라는 신의 언약대로 고향을 떠난 아브라함은 몇몇 우여곡절을 겪기는 했지만, 나중에 거대한 부와 명예를 쥐게 됐습니다.

아늑한 고향을 떠난 아브라함

그런데 신이 가라고 알려준 땅은 어디였을까요? 아쉽게도 《창세기》는 이에 대해 구체적으로 알려주지 않습니다. 그러니 우리는 아브라함의 이동 경로를 통해 짐작해봐야 합니다. 《창세기》의 구절을 봅시다.

"아브라함이 그의 아내 사래와 조카 롯과 하란에서 모은 모든 소유와 얻은 사람들을 이끌고 가나안 땅으로 가려고 떠나서 마침내 가나안 땅에 들어갔더라."

아브라함이 갈데아 우르를 떠나 처음 정착한 곳은 가나안입니다. 오늘날 팔레스타인 지역으로 불리는 곳이죠. 아브라함

2장 생존을 위한 대이동

이 이곳에 도착했을 때의 상황을 이렇게 전합니다.

> "여호와께서 아브라함에게 나타나 이르시되 내가 이 땅을 네 자손에게 주리라 하신지라 자기에게 나타나신 여호와께 그가 그곳에서 제단을 쌓고 거기서 벧엘 동쪽 산으로 옮겨 장막을 치니 서쪽은 벧엘이요, 동쪽은 아이라."

즉, 아브라함은 갈데아 우르를 나와 계속 서쪽으로 향하여 지금의 팔레스타인에 이르렀을 때 장막을 쳤습니다. 이 땅이 바로 '약속의 땅'이라는 신의 목소리를 들었던 것이죠. 그런데, 뒤에 이어지는 내용은 다소 의아합니다. 아브라함이 다시 이동했기 때문입니다. 이어지는 《창세기》의 구절입니다.

> "그가 그곳에서 여호와께 제단을 쌓고 여호와의 이름을 부르더니 점점 남방으로 옮겨갔더라. 그 땅에 기근이 들었으므로 아브라함이 애굽에 거류하려고 그리로 내려갔으니 이는 그 땅에 기근이 심하였음이라."

당초 가나안땅에 정착하면 될 줄 알았지만, 아브라함의 이동은 계속됐습니다. 그가 가나안에 얼마나 머물렀는지는 알 수 없습니다. 수개월일 수도 있고, 어쩌면 수년, 아니 수십 년일 수도 있습니다. 성서는 정확한 기간을 알려주지 않습니다. 어쨌든 그는 다시 남쪽으로 이동했습니다. 《창세기》는 "그 땅(가나안)에 기근이 들었으므로"라고 설명합니다. 그렇습니다. 아

비를 좇아 이동한 최초의 기후난민 – 구약성서

브라함은 요즘으로 치면 '기후 난민'이었던 것이죠. 아브라함은 기근을 피해 가나안에서 애굽(이집트)으로 갔습니다. 아마도 이집트의 환경은 가나안보다 더 나았던 모양입니다.

최초의 기후 난민, 아브라함

고대 근동은 농업이나 유목을 생업으로 하는 사람들이 많았습니다. 반농반목半農半牧인 경우도 있었습니다. 지금처럼 안정적인 물 공급이나 치안을 기대할 수 없었기 때문입니다. 가뭄이 들거나 야만인이 침략해 온다면 떠나야 했습니다. 야만인들의 수탈이야 일회성 이벤트라고 쳐도, 기후가 악화하는 것은 장기 이벤트였기 때문에 더 심각했습니다. 물이 마르기 시작하면 농사도 어렵거니와 양과 염소를 먹일 풀도 사라집니다. 그러니 풍부한 물과 초원을 찾아 계속 떠나지 않을 수 없었겠죠.

아브라함 역시 마찬가지였을 겁니다. 실제로 그렇게 가나안을 떠나 이집트로 간 기후 난민들은 아브라함뿐만이 아니었습니다. 당시 이집트에는 많은 이스라엘 사람이 들어와 있었습니다. 이들은 가뭄으로 메마른 삶의 터전을 떠나 이집트까지 흘러들어 왔습니다. 그 당시 이집트는 자주 범람하는 나일강 덕분에 높은 수준의 농업 생산성을 갖고 있던 곳이죠.

한곳에 정착해 오랫동안 농지를 가꾸고, 한정된 수자원을 끌어 써야 하는 농업 시스템은 외부인의 유입을 반기지 않습니다. 농업 국가에 중앙집권적 시스템이 빨리 들어섰던 것도 수자원을 어떻게 분배할지에 대한 질서가 필요했기 때문입니다. 기본적으로 이리저리 떠도는 유목 민족의 정서와는 다르죠. 그래서 중국 역사에서도 몽골이나 만주족이 세운 유목 민족의 국가(원, 청)보다 농업 민족인 한족이 세운 송나라나 명나라가 더욱 폐쇄적이고 배타적이었습니다.

그러니 이집트로 들어온 이스라엘인들의 처지가 어땠을지 대략 짐작할 수 있습니다. 예외가 없진 않았겠지만, 이들은 대개 낮은 임금을 받고 일하는 품팔이꾼이나 노예 같은 일을 주로 할 수밖에 없었습니다. 나중에 구약성서 《출애굽기》에 등장하는 것처럼 모세가 이들을 이끌고 나오게 된 것도 이런 열악한 환경 때문이었던 것 같습니다.

메소포타미아가 푸르던 시절

기후학자들에 따르면 문명이 꽃필 무렵의 메소포타미아 지역은 지금처럼 건조하지 않았습니다. 6000~8000년 전에는 적도수렴대가 이 지역에 많은 비를 뿌렸기 때문에 물이 부족하지 않게 흐르고 수목이 풍성한 땅이었다고 합니다.

그렇다면 적도수렴대는 무엇일까요. 글자 그대로 적도 부근에서 서로 만나는(수렴하는) 지대를 말합니다. 여기서 만나는 것은 지구의 북반구 0~30도 부근에서 부는 북동무역풍과 남반구 0~30도 부근에서 부는 남동무역풍입니다. 두 개의 무역풍이 적도로 모여드는 것이죠.

그런데 적도 지역은 태양에너지를 가장 많이 받기 때문

비를 좇아 이동한 최초의 기후난민 – 구약성서

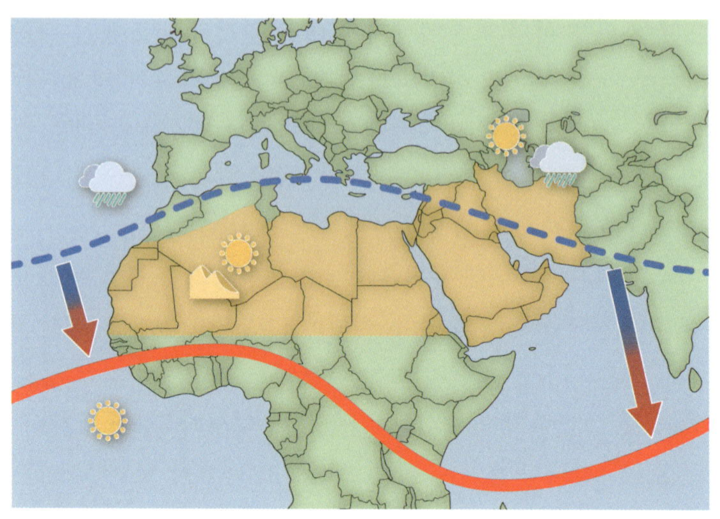

적도수렴대

에 공기가 매우 뜨거워집니다. 뜨거워진 공기는 가벼워져 위로 올라가고, 그러면 그 빈자리를 메우기 위해 북쪽과 남쪽에서 무역풍이 다시 몰려옵니다.

이렇게 모여든 공기도 다시 뜨거워져 상승하고, 높이 올라간 공기는 상공에서 차가워지면서 그 안에 있던 수증기가 응결해 많은 비를 내리게 됩니다. 즉, 적도수렴대는 남북의 무역풍이 만나 상승하면서 거대한 비구름대를 만드는 곳입니다.

과거에는 이 적도수렴대가 지금보다 더 북쪽에 올라간 적이 있었습니다. 그 덕분에 그 영향권에 들어간 메소포타미아에는 오늘날보다 훨씬 많은 비가 내렸고, 넓은 목초지와 농경지가 형성될 수 있었습니다.

2장 생존을 위한 대이동

그런데 약 4200년 전, 갑작스러운 한랭화가 시작되면서 적도수렴대는 더 따뜻한 지역을 찾아 점차 남쪽으로 내려가기 시작했습니다. 그 결과 메소포타미아에 비가 내리는 횟수가 줄었고, 이 지역은 이전보다 훨씬 건조한 환경으로 바뀌게 되었습니다.

구약성서에 나오는 아브라함이 갈데아 우르를 떠난 것도 실은 남하하는 적도수렴대를 쫓아간 셈입니다. 양 떼를 먹이는 풀도, 경작에 필요한 물도 필요하다 보니 비가 내리는 기후를 찾아 가나안을 거쳐 이집트까지 간 것이겠죠.

당시 이집트에는 그렇게 아시아에서 흘러들어와 정착한 사람들이 많았습니다. 결국 아브라함이 들었던 '신의 목소리'는 비가 내리는 지역으로 떠나야 한다는 절박함이었겠죠. 물론 그는 그것이 자신의 의지라기보다는 '신의 뜻'이라고 믿어 의심치 않았을 것입니다. 고대인의 정서는 그랬으니까요. 이보다 훨씬 후대인 고대 그리스의 아테네나 스파르타가 페르시아와 전쟁을 벌일 때도, 전쟁 날짜를 정할 때도 신탁을 받았으니, 아브라함도 가나안과 이집트로 떠날 때 '신의 뜻'을 따라 이동한다는 생각에 추호의 의심도 없었을 겁니다.

참고로 이때 남하한 적도수렴대는 이후로는 메소포타미아를 다시 적실 만큼 북상한 적이 없습니다. 이 말인즉슨 만약 북반구의 온도가 지금보다 올라간다면 적도수렴대가 상승해 과거처럼 중동 지역에 비를 뿌려줄 수도 있다는 것이죠. 이론적으로는 그렇습니다만, 기후는 복잡한 매커니즘을 갖고 있기 때

비를 좇아 이동한 최초의 기후난민 – 구약성서

문에 결과를 단정 짓기는 어렵습니다.

국가는 어떻게 만들어지는가

로버트 앨런, 리안더 헬드링, 마티아 베르타치니 등 3명의 경제학자는 〈정부의 경제적 기원〉이라는 논문을 통해 국가 기원의 형성에 대해 흥미로운 가설을 제기했습니다. 이들은 기원전 2850년 전후, 그러니까 4800년 전 무렵 메소포타미아 문명이 발원한 유프라테스강과 티그리스강 인근 지대가 강우 패턴의 변화로 물줄기가 크게 여섯 차례 바뀐 것에 착안해 이런 변화가 도시와 국가를 만들도록 촉진했을 것이라고 주장했습니다.[12]

왜냐하면 물이 흐르는 길이 바뀌면 기존 농경지는 타격을 입을 수밖에 없기 때문에 수로 설치와 수자원 배분 같은 문제가 사회의 중요한 과제로 떠오르게 되기 때문입니다. 그래서 이들은 이 일대를 5×5km의 정사각형으로 세분화한 뒤 강줄기에서 멀어진 지역과 그렇지 않은 지역을 비교했습니다. 그 결과 강이 이동하기 전보다 강이 이동한 후에 시장이나 사원 등 공공건물로 표시된 정착지가 있을 확률이 14%가량 더 높았다는 것을 확인했습니다. 운하가 건설될 확률도 12% 더 높았습니다. 운하는 몇몇 개인이 힘을 합쳐 만들 수 있는 수준의 공공재가 아닙니다. 사회 전체의 역량을 끌어내야 가능한 토목공사입니다. 또, 그와 관련된 이해관계자들도 많습니다. 어쩌면 '국가'는 불안정한 기후와 이로 인해 악화된 수

자원에 대한 우려가 촉진한 '발명품'일지도 모른다는 생각이 듭니다.

다시 말해 국가는 홉스가 주장한 것처럼 만인이 투쟁하는 폭력으로부터 개인을 보호하기 위해 만들어졌다기보다는 변화하는 환경에서 서로 어떻게 힘을 합치는 것이 좋을지에 대한 고민의 산물이 아니었을까요. 정치학이 아니라 기후학의 렌즈로 보자면 그렇습니다.

비를 좇아 이동한 최초의 기후난민 – 구약성서

에덴동산을 찾아서

❖　　인류의 조상 아담과 하와가 부족함 없이 살았던 최초의 낙원. 《창세기(2장 10~14절)》에서는 에덴동산의 위치를 이렇게 설명합니다.

> "강이 에덴에서 흘러나와 동산을 적시고 거기서부터 갈라져 네 근원이 되었으니, 첫째의 이름은 비손이라 금이 있는 하윌라 온 땅을 둘렀으며, 그 땅의 금은 순금이요 그곳에는 베델리엄과 호마노도 있으며, 둘째 강의 이름은 기혼이라 구스 온 땅을 둘렀고, 셋째 강의 이름은 힛데겔이라 앗수르 동쪽으로 흘렀으며 넷째 강은 유브라데더라."

여기서 유브라데는 유프라테스강을, 힛데겔은 티그리스강을 의미한다는 데 대부분의 학자가 동의합니다. 문제는 나머지 두 강, 비손과 기혼입니다. 현재 지도에서 찾을 수 없는 두 강의 위치를 놓고 학자들은 오랫동안 고민했습니다.

　　그러던 중 독일 학자 프리드리히 델리치는 1881년 《에덴의 위치는 어디인가?Wo lag das Paradies?》라는 저서를 통해 도발적인 주장을 내놓았습니다.

　　그는 히브리어로 강을 뜻하는 단어 '나하르nahar'와 강과 수로(운하)를 모두 의미하는 고대 바빌로니아어 '나루naru'가

유사하다는 점을 지적하면서 특정하기 어려웠던 두 강, 비손과 기혼이 실제로는 운하였을 것이라고 주장했습니다.

즉, 유프라테스강과 티그리스강에서 물길을 끌어와 들판을 적시는 관개灌漑 시스템을 의미한다는 것이죠. 당시 메소포타미아 지역은 인류 최초의 도시를 세우고 고도의 문명을 탄생시킨 곳이었습니다. 이를 지탱했던 것은 운하를 끌어들이는 관개시설로 발달한 농업이었습니다. 모든 것이 풍요로웠던 이 땅이 당시 사람들에겐 '에덴동산' 같은 낙원으로 보였던 것일까요.

청동기 붕괴와 지중해 대이동

일리아드

몇 년 전, 런던에서 〈The Burnt City〉라는 공연을 본 적이 있습니다. The Burnt City, 그을린 도시는 트로이를 가리킵니다. 펀치 드렁크Punch Drunk라는 영국 공연 단체가 호메로스의 《일리아드》를 독특한 형식으로 새롭게 풀어낸 작품입니다.

《일리아드》의 주요 인물들을 맡은 배우들은 그리스(지상 2층)와 트로이(지하 1층), 그리고 중간 지대(지상 1층)에 마련된 수십 개의 방과 몇 개의 홀을 돌아다니면서 퍼포먼스를 펼칩니다. 관객들은 정해진 코스 없이 자유롭게 돌아다니면서 우연히 마주친 트로이 왕비 헤카베가 쏟아내는 푸념을 듣기도 하고, 아가멤논 왕과 아내 클리타임네스트라의 긴장감 넘치는 부부 싸움을 엿보기도 합니다.

관객들은 똑같이 주어진 관람 시간 동안 저마다 다른 장면을 보고 극장 밖으로 나가게 된다는 것이 이 공연의 매력입니다. 매진 사례를 이어갈 만큼 큰 인기를 얻었는데, 《일리아드》의 풍부한 서사가 이런 형식을 가능하게 했겠죠.

이처럼 《일리아드》는 후대의 많은 예술가에게 영감을 준 것으로 유명합니다. 그리스·로마 시대부터 르네상스 시대에

연극 〈The Burnt City〉의 로고.
관객이 무대 공간을 직접 오가며
배우들의 연기를 가까이에서
감상할 수 있는 체험형 연극.
아쉽게도 사진 촬영이 일체
금지되어 공연장 입구만 찍을 수
있었다.

이르기까지 이를 다룬 그림과 모자이크 등이 다수 제작됐고, 현대에 와서도 영화, 만화 심지어 게임으로도 재생산되고 있으니까요.

《일리아드》는 스파르타에 사신으로 온 트로이의 왕자 파리스가 스파르타의 왕 메넬라오스의 아내 헬레나를 데리고 가면서 그리스 도시들과 트로이 사이에 벌어졌던 십 년간의 전쟁을 다룬 고대 서사시입니다. 아킬레우스, 오디세우스, 아가멤논, 헥토르 등 고대 영웅들이 빚어내는 장대한 이야기가 오랜 시간 인류를 사로잡아왔습니다.

그렇더라도 고작 미녀 한 명 때문에 그리스 도시들이 5,000명의 병사와 함께 1,000척의 배를 띄워 보내 무수한 희생을 감수해가며 무려 십 년간 전쟁을 벌인다는 것은 여전히 잘 이해가 되지 않는 부분입니다. 많은 영웅이 죽고 트로이 역시 철저하게 파괴되는 결말 부분에서는 무슨 이런 바보 같은

청동기 붕괴와 지중해 대이동 – 일리아드

전쟁이 다 있나 싶기도 했습니다. 물론 인류 역사에서 수많은 전쟁이 어리석은 이유로 벌어졌습니디만…. 하지만, 나중에 역사와 기후를 공부한 뒤에는 이 전쟁이 그렇게 '바보 같은 전쟁'이 아니었다는 것을 알게 됐습니다. 그리스가 그토록 되찾고자 했던 헬레나라는 '미녀'는 어디까지나 하나의 은유였다는 것도 말이죠.

다국적 공급망의 충돌

이 글을 쓰는 동안 이란 사태가 날로 악화하고 있습니다. 미국의 공습에 맞선 이란은 이에 대한 보복 조치로 세계 원유의 상당량이 지나는 호르무즈 해협을 잠가버렸습니다.

석유는 단순히 항공, 자동차 등의 교통수단이나 공장과 같은 생산시설을 움직이는 에너지에만 그치는 것이 아닙니다. 일상에서 필요한 비닐, 플라스틱 용기 등의 포장재와 나일론 같은 섬유, 고무·합성수지 그리고 주사기나 마스크 같은 의료용품 등 현대 문명을 움직이는 대부분에 원료로 쓰이기 때문에 사실상 전 세계 경제가 몸살을 앓고 있습니다.

특히 불똥이 튄 쪽은 한국과 일본처럼 중동에서 원유를 대량으로 수입하는 국가들입니다. 한국은 원유 수입량의 70%를, 일본은 90%가량을 중동에서 조달하고 있기 때문이죠.

그래서 주요 국가들은 호르무즈 해협을 개방하기 위해 외무장관 회의를 갖기도 하고, 일각에서는 연합 함대를 만들자는 구상도 내놓고 있습니다. 또, 일본에서는 미국이나 아제

르바이잔 같은 나라에서 원유를 수입하는 공급망 다각화를 꾀하는 중이고요.

　일본의 다카이치 사나에 총리가 2025년 11월 '대만 유사시 사태'가 일어나면 일본의 군사 행동이 가능하다고 암시하는 발언을 하자, 이에 반발한 중국이 보복 조치로 희토류 수출 통제에 나선 것도 비슷합니다.

　희토류는 반도체 공정 등 첨단 산업의 핵심 재료인데, 중국이 전 세계 공급량의 90% 가까이를 차지하고 있습니다. 일본으로서는 희토류가 없으면 공장이 멈출 판이기 때문에 중국은 가장 강력한 '카드'를 꺼내든 셈이 된 것이죠.

　반면 일본으로서는 대만이 중국에 넘어가면 원유 수송로의 안전을 위협받기 때문에 그냥 보고만 있기는 어려운 입장입니다.

이처럼 21세기는 슈퍼 파워 미국과 주요국들의 공조 속에 안정됐던 세계 질서에 균열이 일어나면서 점점 예측하기 어려운 시대로 접어들고 있습니다. 글로벌 공급망의 균열 또는 재편 속에서 자원을 확보하기 위한 경쟁이 치열해지고 있습니다.

　또 지난 세기 급속도로 진행된 세계화 속에서 글로벌 경제의 분업화도 가속화됐기 때문에 어느 한 지역에서 급변 사태가 벌어지면, 해당 지역뿐 아니라 세계 경제 전체가 출렁이는 상황으로 확대됩니다.

　하지만 '글로벌 공급망'이 현대 사회에서 새롭게 만들어진 개념은 아닙니다. 사실 고대의 트로이 전쟁도 국제 환경을

청동기 붕괴와 지중해 대이동 – 일리아드

찬찬히 들여다보면 결국 공급망을 둘러싼 충돌이라는 것을
알 수 있습니다.

청동기 시대의 희토류, 주석

아킬레우스가 트로이에서 헥토르와 세기의 결투를 벌이고, 오
디세우스가 트로이의 목마를 만들던 이때를 우리는 '청동기 시
대'라고 부릅니다. 이 시기의 가장 중요한 생산품은 청동이었
습니다. 그리스, 이집트, 중국, 그리고 한반도까지 유라시아 대
륙 각지에서 각 문명은 경쟁적으로 청동기를 만들어냈습니다.

청동은 구리Copper와 주석Tin을 섞어서 만듭니다. 그런데,
각 문명에서는 구리보다 주석을 확보하는 데 혈안이 되어 있
었습니다. 희소성 때문입니다. 구리는 유라시아 어디서든 흔
했지만, 주석 산지는 드물었습니다.

현대 반도체 제조 과정에서 빠져서는 안 되는 희토류의
공급처가 극히 제한적인 것과 별반 다르지 않았습니다. 이 무
렵 고대 문명이 발아하던 지중해 주변에서도 주석 산지가 부
족했기 때문에 그리스를 비롯한 많은 문명은 사실상 전량을
수입에 의존해야 했습니다. 이들이 얻는 주석은 대부분 아프
가니스탄에서 캐냈는데, 점차 한계가 드러납니다. 지정학적으
로 공급망에 치명적인 문제가 있었기 때문이죠. 이 루트는 아
프가니스탄(산지)에서 출발해 이란 고원 → 미탄니(중개지) →
히타이트(소비자 겸 통로)를 거쳐 그리스(최종 소비 지역)로 도
달하는 경로였습니다.

그런데 미탄니는 히타이트와 라이벌 관계였습니다. 히타이트가 강력해지는 걸 경계했던 미탄니는 주석 공급량을 조절하곤 했습니다. 히타이트와 그리스로서는 마치 중국이 희토류를 걸어 잠근 일본과 비슷한 처지가 된 것이죠.

게다가 아프가니스탄과 이란 일대는 분쟁이 잦았고, 유목민의 침략으로 정세가 안정되지 않아 공급이 자주 끊기기도 했습니다. 그리스로서는 보다 안정적인 공급처를 구해야 했고, 그렇게 해서 북방에서 새로운 공급망을 개척하게 됩니다.

유럽의 주석 산지인 보헤미아에서 다뉴브강-흑해-지중해로 이어지는 유통망입니다. 특히 흑해 일대는 밀(식량)과 금(사치재) 등 중요한 교역품도 얻을 수 있었기 때문에 '알짜' 교역로였습니다. 그리고 이 길의 요충지에 바로 트로이가 있었습니다.

눈엣가시 트로이

이 시기 지도를 보면 트로이(튀르키에 히살릭)는 지중해와 흑해를 잇는 다르다넬스 해협의 입구에 딱 붙어 있습니다. 즉, 트로이는 다뉴브강과 흑해를 거쳐 들어오는 주석 공급의 밸브를 잠글 수 있는 위치에 있었습니다. 러시아가 우크라이나와의 전쟁 당시 유럽으로 가는 가스관을 잠갔을 때 전 유럽에서 난방비 폭등과 함께 인플레이션을 겪었던 적이 있습니다. 마찬가지로 트로이가 주석 공급을 막아버리면 그리스에서는 똑같은 사태가 벌어질 수밖에 없었습니다.

청동기 붕괴와 지중해 대이동 – 일리아드

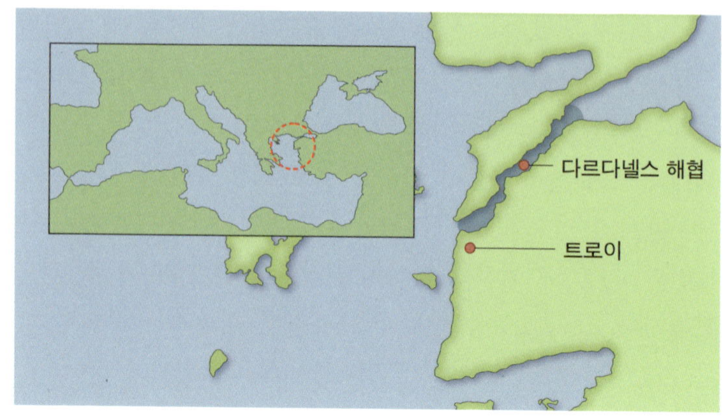

다르다넬스 해협의 길목을 지키는 트로이

당시 그리스 상선들이 흑해로 가려면 다르다넬스 해협을 통과해야 했는데, 쉬운 길은 아니었습니다. 이 해협들은 해류가 빠르고 북풍이 강하게 불기 때문에 날씨가 여의치 않을 때에는 트로이에서 대기하곤 했습니다. 트로이 발굴 등에 참여했던 학자들은 도시의 위치와 규모 등을 감안할 때, 그리스 상선들을 상대로 항구 이용료나 '통행세'를 부과했을 것이라고 추정합니다.[13]

따라서 그리스에게 트로이는 글로벌 공급망의 '병목Choke Point'을 쥐고 흔드는 눈엣가시였고, 향후 지중해 패권을 위해서도 반드시 넘어야 할 상대였던 셈이죠. 그래서 트로이 발굴에 참여했던 독일 튀빙겐대의 만프레드 코르프만 교수 등은 그리스 연합군이 '헬레네'라는 미녀가 아니라 주석 공급망과 알짜 무역로를 손에 넣기 위해 조직된 군대였다고 주장했습니다. 아킬레우스 같은 영웅이 희생되더라도 그만한 가치가 있었던 것이죠.

이렇게 보면 일본이 자기 나라도 아닌 대만의 급변 사태에 대해 '보고만 있지 않겠다'라고 나서는 이유를 이해할 수 있게 됩니다. 물론, 당시 그리스 연합군의 맹주였던 아가멤논처럼 성공적으로 '연합'을 조성할 수 있을지는 아직 알 수 없지만요.

그런데 트로이 전쟁 이후 지중해에서는 아주 불가사의한 사건이 벌어집니다. 결론부터 말하면, 이로 인해 이집트-히타이트-미케네(그리스)-키프로스 등에서 황금기를 꽃피우던 지중해 세계의 후기 청동기 문명이 붕괴하게 됩니다.

바다의 사람들

이집트 룩소르 서안의 메디넷 하부Medinet Habu에는 이집트 제20왕조의 파라오 람세스 3세Ramesses III를 위해 건설한 신전이 있습니다. 이 신전에는 람세스 3세가 기원전 1177년 벌인 특별한 '전쟁'을 기록한 벽화와 비문이 새겨져 있어서 오래전부터 학자들의 관심을 끌어왔습니다.

"이방인들이 그들의 섬에서 음모를 꾸몄다. 갑자기 모든 땅이 전쟁의 소용돌이에 휘말려 흩어졌다. 하티Hatti, 코데Kode, 칼케미시Carchemish, 아르자와Arzawa, 알라쉬야Alashiya 등 어떤 나라

청동기 붕괴와 지중해 대이동 – 일리아드

람세스 3세 신전

도 그들의 무기 앞에 버텨내지 못하고 한 번에 무너졌다."

역사학자들은 오랫동안 이 비문에 등장하는 '이방인'에 대해서 연구했지만, 이들이 어디서 왔는지, 어떤 민족인지 결론을 내리지 못했습니다. 다만, 바다를 건너왔다는 것에 주목해 '바다의 사람들Sea People', '해양 민족' 등으로 명명하였습니다. 그래서 이들의 정체는 고대사의 가장 큰 미스터리로 남아 있습니다.

다만 비문에 등장하는 하티는 히타이트, 알라쉬야는 키프로스를 가리키는 것으로 의견이 모아지고 있고, 아르자와는 이즈미르와 에페소 등이 있는 튀르키예 서부 해안 지역, 코데는 튀르키예 남부 해안, 칼케미시는 튀르키예와 시리아의 국경지대를 가리키는 것으로 추정되고 있습니다.

'바다의 사람들'의 침략과 공포는 이집트뿐 아니라 당시 지중해 문명에서 공통적으로 나타납니다. 그중 가장 유명한 것은 시리아 북쪽 우가리트의 마지막 왕인 암무라피Ammurapi가 당시 키프로스의 왕에게 보낸 점토판 편지인데, 절박한 상황이 생생하게 담겨 있습니다.

"나의 아버지(키프로스의 왕)여, 보소서. 적들의 배가 (이미) 이곳에 왔습니다. 그들은 내 도시들을 불태웠고 우리 땅에 악한 짓을 저질렀습니다. 나의 아버지는 모르십니까? 내 모든 군대와 전차들은 하티(히타이트) 땅에 가 있고, 나의 모든 배는 루카Lukka 땅에 가 있다는 것을 말입니다···. 이곳에 온 적들의 배

7척은 우리에게 막대한 피해를 입혔습니다."

이 점토판 편지는 발송되지 못한 채 3000여 년이 지난 뒤, 우가리트의 왕궁 서기관 구역의 가마oven 안에서 발견됐습니다. 학자들은 편지 내용을 적은 점토판을 급하게 굽던 도중에 '바다의 사람들'이 들이닥치는 바람에 발송조차 하지 못한 것으로 추정합니다. 얼마나 다급했던 상황인지 짐작할 수 있는 대목입니다.

퍼펙트 스톰

학계에서는 '바다의 사람들'이 나타난 기원전 1177년을 청동기 시대가 붕괴한 시점으로 보고 있습니다. 다만, '바다의 사람들'이 이 시대를 끝장냈다고 보는 것은 다소 지나친 감이 있습니다. 기후학계와 고고학계의 연구에 따르면, 기원전 12세기 청동기 문명의 동시다발적 붕괴는 단순한 전쟁이 아니라 기후 변동으로 인한 '복합 재난Complex Disaster'에 따른 결과로 보고 있습니다.[14]

고기후학자들은 지중해 동부에 있는 시리아, 이스라엘, 키프로스 등의 호수, 염호, 해안습지 등의 퇴적층에서 화분(꽃가루) 데이터를 분석한 결과 기원전 1200년경을 기점으로 참나무 등이 자라는 숲의 꽃가루가 급감하고, 사막에서 자라는 건조 식물의 비율이 급증했다는 사실을 밝혀냈습니다.[15] 그만큼 한랭하고 건조해졌다는 이야기가 되겠죠.

2장 생존을 위한 대이동

이 시기 지중해 해수면의 온도가 급격히 낮아졌다는 데이터가 이를 뒷받침해 줍니다. 해수면의 온도가 평균보다 낮아지면 바다에서 증발량이 줄어들면서 내륙으로 들어가는 비구름이 형성되지 않습니다. 즉, '해수면 온도 하강→증발량 감소→강수량 부족→가뭄'의 과정이 100여 년 이상, 길게는 300여 년 이어지면서 기원전 12세기 지중해 농업을 파탄 냈습니다. 후기 청동기 사회를 지탱했던 기반이 무너진 것이죠.

당시 미케네, 히타이트, 이집트 등은 '궁전 경제Palace Economy'라는 중앙집권적 시스템을 구축한 문명입니다. 국왕이 각지의 농업 생산물을 거둔 뒤 관료와 군인, 사제, 기술자 등 전문 직업군에 분배하면서 왕국을 지탱했던 것이죠. 하지만, 메가 가뭄으로 이를 지탱하기 어렵게 되자 왕국은 내부부터 무너지기 시작했습니다.

일부 학자들은 '바다의 사람들' 역시 가뭄 때문에 지중해 북부(유럽 내륙)에서 쏟아져 내려온 난민 집단으로 추정하기도 합니다. 정리하자면, 기원전 12세기 후기 청동기 사회의 붕괴는 거대한 기후 변화가 만들어낸 파국이라는 것이죠. 히타이트나 미케네 같은 나라들도 이미 기근으로 어려움을 겪으며 이들을 받아낼 기력조차 없었고, 도미노처럼 쓰러져 갔습니다.

그나마 버틸 수 있었던 것은 나일강 덕분에 풍족한 농업 생산량을 자랑하던 이집트 정도였습니다. 메디넷 신전의 기록도 '바다의 사람들'을 격퇴한 람세스 3세의 업적을 찬양하는 내용입니다. 하지만, 이집트도 조금 더 버텼을 뿐입니다.

지중해 청동기 문명은 오늘날의 세계 경제처럼 서로 긴

청동기 붕괴와 지중해 대이동 – 일리아드

이집트 룩소르 서안의 메디넷 하부Medinet Habu의 신전에 새겨진
람세스 3세와 '바다의 사람들'의 전투

밀하게 연결되어 있었습니다. 1982년 튀르키예 앞바다에서 발굴된 울루부룬Uluburun 난파선은 당시 정황을 잘 보여주는 '타임캡슐'입니다. 이 배에는 키프로스산産 구리, 아프가니스탄산 주석, 아프리카 누비아산 흑단목, 이집트산 황금 스카라베, 미케네(그리스)산 도자기와 검, 히타이트산 화장품 보관함, 메소포타미아산 원통형 인장 등이 가득 들어 있었습니다. 학자들은 이 배가 미케네 또는 히타이트로 가는 배였을 것으로 추정합니다.

기후 변화로 이런 교역망의 한 축이 무너지자 연쇄 반응이 일어났습니다. 가장 큰 문제는 역시 청동기 문명의 핵심, 청동입니다. 히타이트를 비롯해 지중해 연안 도시들이 차례

134

차례 무너지면서 청동을 만드는 데 필수적인 주석의 공급이 끊겨버렸고, 무기 생산과 경제 활동의 올스톱으로 이어졌습니다. 그리고 어쩌면 '기후 난민'일지도 모르는 '바다의 사람들'이 청동기 문명에 달려 있던 호흡기를 떼어버렸던 것이죠.

문명이 사라진 시대의 방황, 《오디세이아》

'트로이의 목마'라는 절묘한 전략으로 10년간의 공방전을 끝내고 트로이를 함락한 오디세우스를 기다리고 있던 것은 10년간의 방황이었습니다. 신들과 마녀의 방해 때문이라지만 오디세우스의 항로를 보면 이타카를 놔둔 채 기묘할 만큼 요리조리 엉뚱한 곳을 헤매고 다녔다는 생각이 듭니다. 그래서 일각에서는 그가 아내를 피해 의도적으로 귀향을 미룬 채, 바깥으로 빙빙 돌아다녔던 게 아니냐는 해석도 합니다. 중년의 방황이랄까요.

한편 《오디세이아》에 펼쳐진 모험담은 문명이 붕괴한 지중해 세계를 반영한다는 시각도 있습니다. 후기 청동기 시대의 촘촘했던 무역 네트워크가 끊기고, 왕국이 무너지면서 치안이 사라진 세상이라는 것이죠.

아름다운 연주로 유혹하여 뱃사람들을 바닷속으로 끌어들였다는 세이렌이나 외눈박이 괴물 키클롭스, 식인 거인족 라이스트뤼고네스 등 오디세우스가 맞닥뜨렸던 괴물들은 트로이에서 마주했던 이성적이고 협상이 가능했던 적敵과는 다릅니다. 이렇게 외부 세계에 대한 경이와 공포는 대개 무역으로

청동기 붕괴와 지중해 대이동 – 일리아드

8

저승 The Underworld
예언자 테이레시아스에게 신들의
조력을 얻는 법을 배운다.

라이스트뤼고네스 Laestrygonians
거인 식인종족의 공격으로 단 하나의 배만 남을
만큼 큰 피해를 입었다.

6

사이렌의 바다 Siren's Waters
오디세우스는 사이렌의 매혹적인 노래에
홀리지 않기 위해 스스로 돛대에 몸을
묶고 선원들은 왁스로 귀를 막아 무사히
통과했다.

7

아이아이아 Aeaea
마녀가 선원을 돼지로
만들었지만 오디세우스만이
그녀의 마법에 1년간
저항했다.

9

스킬라와 카리브디스
Scylla & Charybdis
6개의 머리가 달린 괴물 스킬라와
카리브디스를 만난 오디세우스는
스킬라에게 6명의 선원을
내어주고 협곡을 빠져나왔다.

10

아이올리아 Aeolia
바람의 신, 아이올로스로부터
배를 순항시킬 바람주머니를
받아 떠난다.

5

4

키클롭스 The Cyclopes
포세이돈의 아들, 외눈박이
거인족 키클롭스의 눈을 멀게 하여
도망간다.

11

오기기아 Ogygia
신이 풀어주라고 말하기 전까지
오디세우스를 사랑한 칼립소는
7년간 그를 붙잡았다.

12

로토파고이 The Lotophagi
선원 중 몇몇은 신비한 연꽃을
먹고 귀항하려는 의욕을 잃었지만
오디세우스가 그들을 끌고 다시 배로
향했다.

3

오디세우스의 항로

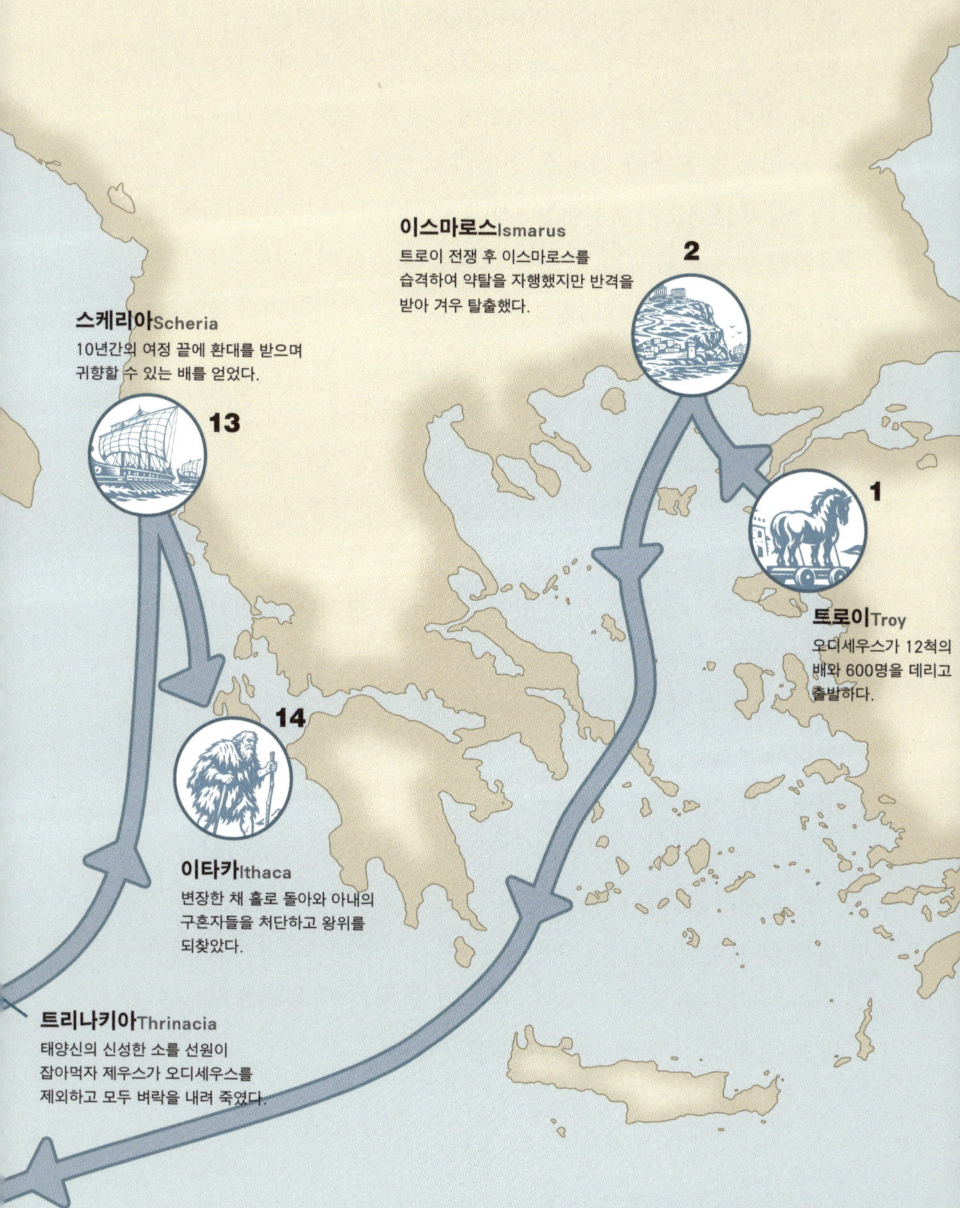

이스마로스Ismarus
트로이 전쟁 후 이스마로스를 습격하여 약탈을 자행했지만 반격을 받아 겨우 탈출했다.
2
스케리아Scheria
10년간의 여정 끝에 환대를 받으며 귀향할 수 있는 배를 얻었다.
13
1
트로이Troy
오디세우스가 12척의 배와 600명을 데리고 출발하다.
14
이타카Ithaca
변장한 채 홀로 돌아와 아내의 구혼자들을 처단하고 왕위를 되찾았다.
트리나키아Thrinacia
태양신의 신성한 소를 선원이 잡아먹자 제우스가 오디세우스를 제외하고 모두 벼락을 내려 죽였다.

가 끊긴 뒤 단절된 세상에서 벌어지는 현상입니다.

조금 더 급진적인 주장은 오디세우스 일행을 '바다의 사람들'과 연결하는 것이죠. 앞서 언급한 기후 변화로 무역 네트워크가 흔들리면서 당시 세계에서는 가장 서쪽에 있던 미케네 문명이 먼저 타격을 입었고, 여기서 발생한 유랑민들이 지중해 동부로 몰려가 약탈을 벌였다는 것입니다.

실제로 《오디세이아》에서 오디세우스는 고향 이타카에 거지꼴로 돌아와서는 처음에 정체를 숨겼는데, 이때 '나는 크레타 출신이며, 이집트의 나일강 유역을 약탈하려다 실패했다'는 이야기를 꾸며대기는 합니다. 이것은 람세스 3세가 기록한 '바다의 사람들과 벌인 전투'를 연상케 하는 대목입니다. 오디세우스 일행은 트로이 전쟁 이후 갈 곳을 잃고 지중해를 떠돌며 약탈을 일삼던 그리스의 퇴역 군인들이었을지도요.

후기 청동기 시대의 붕괴 후 인류가 문명을 다시 건설하는 데는 제법 오랜 시간이 걸렸습니다. 그렇게 과거의 기억들도 뿌옇게 사라져 갔습니다. 이 시대를 이끌었던 크레타(미노아 문명)에서 쓰던 선형문자 A는 이제 해독이 불가능한 상태입니다. 이렇게 《일리아드》나 《오디세이아》처럼 구전을 통해 전해지던 이야기를 모아 퍼즐을 맞춰가는 것이죠. 최근 기후에 관한 연구가 진행되면서 많은 빈 곳을 메우고 있습니다.

언젠가는 '바다의 사람들'과 후기 청동기 문명의 연쇄 붕괴를 둘러싼 진실도 베일을 벗을 때가 오겠죠. 그렇게 된다면 우리는 과거의 인류가 기후 재난에 어떻게 대응했는지 보다 많은 열쇠를 갖게 될 것이라고 생각합니다.

'카시테리데스'의 전설

고대 그리스인들은 서쪽 끝 어딘가에 '주석의 섬'이 있다고 믿었습니다. 그리스어로 '주석의 섬'을 뜻하는 '카시테리데스Cassiterides'는 스트라본, 포세이도니오스와 같은 저명한 고대 지리학자들이 이 섬에 대해 언급하면서 알려졌습니다. 특히 17권의 방대한 지리서《게오그라피아》를 남긴 스트라본은 카시테리데스에 대해 "아르타브리족이 사는 지역(이베리아 반도 북서부)의 맞은편 바다에 있다"면서 "검은 옷黑衣을 입은 사람들이 주로 가축을 키우며 사는데, 주석과 납이 풍부해 교역상들과 물물 교환을 한다"고 꽤 구체적으로 묘사하기도 했습니다.

그 외에 플리니우스와 프톨레마이오스도 "켈티베리아 맞은편에 섬들이 여럿 있는데, 그리스인들이 납Plumbum이 풍부해서 '카시테리데스'라 부른다(플리니우스,《박물지》)", "서쪽 대양에는 10개의 섬으로 이루어진 카시테리데스 제도가 있는데, 그 중심부의 위치는 경도 4도, 위도 45도 30분의 땅에 있다(프톨레마이오스,《지리서》)" 등 상세히 소개하고 있습니다.

그런데 곤란한 것은 지금 지도를 펼쳐보면 이 해역에 그런 섬이 없다는 것이죠. 프톨레마이오스가 인용한 위도와 경도가 지금의 기준과 다르기 때문에 정확히 어디를 언급한 것인지도 알 수 없습니다. 다만, 기원전 1세기 이베리아 지역에서 총독을 지낸 로마의 푸블리우스 리키니우스 크라수스Publius

Licinius Crassus는 재임 중에 카시테리데스섬을 방문한 뒤 "깊이 파지 않아도 주석 광석이 대량으로 생산될 수 있다"고 보고했으니 거짓은 아닌 것 같습니다.

일부 연구자들은 크라수스가 프랑스 브르타뉴 반도 앞바다의 웨상Ouessant섬이나 영국 콘월 반도 끝의 실리 제도Isles of Scilly로 갔던 것으로 추정하고 있습니다. 특히 영국 남서단의 콘월 반도 일대는 유럽 굴지의 주석 광산으로 20세기 말까지 채굴이 계속됐기에 유력 후보로 꼽히고 있습니다.

그렇다면 '과연 당시 잉글랜드에서 지중해 동부까지 물품 운반이 가능했을까'라고 의문을 제기할 법도 합니다. 이에 대한 답변은 2019년 독일 하이델베르크 대학과 이스라엘 연구팀이 발표한 논문에 있습니다.

이들은 1970년대 후반 이스라엘 하이파 남쪽에서 발견된 난파선들의 화물을 조사했는데, 여기서 건져낸 주석이 중앙아시아가 아니라 영국 콘월 지역에서 나오는 주석과 납 동위원소 비율 등이 비슷하다는 결론을 내놨습니다. 시기는 역시 기원전 12세기로 후기 청동기 시대의 막바지에 해당했습니다.

영국에서 캐낸 주석이 무려 3,000km가 넘는 무역로를 통해 지중해 동부까지 배달된 것이죠. 초장거리 공급망이 이미 가동되고 있었음을 보여줍니다. 또한, 이전의 아프가니스탄–히타이트의 주석 공급망이 막힌 지중해 사람들이 주석을 구하는 데 얼마나 애썼는지도 보여줍니다. 희토류를 확보하기 위해 해저 6,000m까지 파이프를 설치하는 일본의 심정도 이렇지 않을까요.

한랭화로 인한 유목민의 남하

뮬란

월트 디즈니 애니메이션 스튜디오에서 1998년 내놓은 〈뮬란 Mulan〉은 여성 캐릭터의 고정화된 이미지를 탈피한 중요한 작품으로 평가 받습니다.

1990년대 초반에 제작된 〈인어 공주〉, 〈미녀와 야수〉, 〈알라딘〉 등에 등장한 여성 캐릭터들이 대개 남성을 도우며 희생하거나 또는 보호를 받는 입장이라면, 뮬란은 그간 남성 주인공들에게 주어져 왔던 영웅 캐릭터의 서사를 그대로 입었기 때문이죠.

〈뮬란〉의 줄거리는 대략 이렇습니다. 흉노족이 쳐들어오자 위기에 빠진 조정에서는 전국 각 가정에 소집령을 내렸습니다. 뮬란은 몸이 불편한 아버지를 대신해 가족 몰래 말을 끌고 출전하여 큰 활약을 펼치고 나라를 구하게 됩니다.

시련과 위기를 딛고 진정한 자아를 발견해 영웅으로 거듭나는 뮬란의 서사는 확실히 그간 디즈니 작품 속 여성 캐릭터인 〈미녀와 야수〉의 '벨'이나 〈알라딘〉의 '자스민'과는 달랐죠. 덕분에 〈뮬란〉에 대해 다시 주목하는 학자들도 늘었습니

다. 논문 검색 서비스인 '디비피아'에서 찾아보면 페미니즘과
〈뮬란〉을 연결하는 연구들이 눈에 많이 띕니다.

하지만 〈뮬란〉은 기후사의 관점에서도 뛰어난 작품입니
다. 기후가 인류 역사에 미친 영향을 가장 압축적으로 보여주
는 대중문화 작품을 하나 꼽으라면, 저는 주저 없이 〈뮬란〉을
들 것 같습니다.

'뮬란'의 주인공, 화목란

먼저 이야기하고 넘어가자면, '뮬란'은 원작이 있습니다. 《목
란사木蘭辭》라는 중세 중국의 서사시입니다.

可汗大點兵
가한이 크게 병사를 징발하니
軍書十二卷 卷卷有爺名
군부책 12권에 아버지 이름이 있네
不聞爺娘喚女聲 但聞燕山胡騎聲
부모 부르는 소리는 못 듣고, 연산 북쪽 오랑캐 기병 소리만 들
들리는구나

이 작품에서도 주인공 '화목란花木蘭'은 아버지 대신 군대에 들
어가 오랑캐와 맞서 큰 공을 세우고 돌아옵니다. 물론 여성이
고요. 《목란사》는 중국에서 오랜 기간 대중들의 사랑을 받은
작품이었습니다. 북위 시대에 처음 지어진 이래 명明·청淸 시

2장 생존을 위한 대이동

대에도 책으로 나오거나 경극으로 다뤄졌고 중화민국 시대에는 〈목란종군木蘭從軍〉이란 제목의 영화도 제작됐습니다. 우리나라로 치면 《박씨전(박씨부인전)》 정도 되지 않을까 싶네요.

그런데 주목할 점이 하나 있습니다. 작품이 쓰여진 시기가 북위北魏 시대라는 것이죠. 북위는 중국 역사에서 남북조시대(439~589)라고 불렸던 시기에 북쪽에 자리 잡은 왕조였습니다. 북위는 황하와 회하 유역을 차지해, 양자강 일대에 자리 잡은 남조 왕조들과 약 200년가량 경쟁했던 제법 강력한 국가로 기록되어 있습니다.

이 왕조를 세운 것은 한족漢族이 아니라 선비족鮮卑族입니다. 고구려와 자주 다투고, 때로는 위협했던 그 선비족이 세웠습니다. 조금 더 구체적으로 들어가면 선비족 중 탁발拓跋씨가 리더였던 탁발선비입니다. 그러니까 화목란은 북위에 쳐들어온 오랑캐에 맞서 싸운 것이고, 남쪽에 밀려나 있던 한족의 입장에서 보자면 오랑캐 vs 오랑캐의 싸움으로 보였을 겁니다.

하지만 작품에서는 그런 분위기가 느껴지지 않습니다. 〈뮬란〉이든, 《목란사》든 평화롭게 살던 농경 민족(한족)이 유목 민족(오랑캐)에게 시달리는 구도로 보입니다.

이때 북위를 침공한 유목 민족은 유연柔然입니다. 애니메이션 〈뮬란〉에서는 흉노로 나왔지만, 흉노는 북위 시대가 되면 역사에서 거의 퇴장한 후였습니다. 반면, 유연은 몽골 초원과 알타이 산맥 일대를 거점으로 세력을 넓히며, 북위와 거의 백여

한랭화로 인한 유목민의 남하 – 뮬란

넌 가까이 전쟁을 벌였습니다.

앞에서 '可汗大點兵(가한이 크게 병사를 징발하니)'라는 《목란사》의 구절을 인용했는데, 가한可汗은 유연의 군주를 의미합니다. 가한, 칸은 흉노 이후 유목 민족의 지도자를 뜻하는 칭호로 많이 쓰였습니다. 훗날 몽골 제국을 세운 칭기즈 칸이 가장 익숙하지 않을까 싶습니다. 덧붙이자면 흉노의 지도자는 '선우單于'라고 기록했습니다. 이것만 보아도 화목란이 맞서 싸운 상대가 흉노는 아니라는 것이 확실해 보입니다. 정리하자면 화목란 이야기의 배경은 탁발선비 vs 유연의 전쟁이었던 것이죠.

5호의 남진

북위가 들어섰던 남북조 시대 이전 중국은 5호 16국 시대(304~439)였습니다. 4세기 초반 5호胡라 불렸던 다섯 유목 민족(흉노, 선비, 갈, 강, 저)이 장성 이남으로 일제히 내려와 강력한 무력을 앞세워 한족을 남쪽으로 몰아낸 것이죠. 이들은 중원 일대에 여러 나라를 세웠고, 그래서 5호 16국 시대라고 불리게 됐습니다. 그리고, 북위가 이 나라들을 통일한 것입니다.

5호의 남진南進은 중국사에 큰 충격을 남겼습니다. 그동안 중원의 주인이라 자부했던 한족이 '오랑캐'라고 비웃던 유목 민족에게 밀려 처음으로 황하 이남으로 쫓겨났기 때문입니다. 이후 한족 왕조는 양자강 일대에서 명맥을 잇게 됩니다.

이때 5호가 일제히 남쪽을 향해 쏟아져 내려온 이유는

2장 생존을 위한 대이동

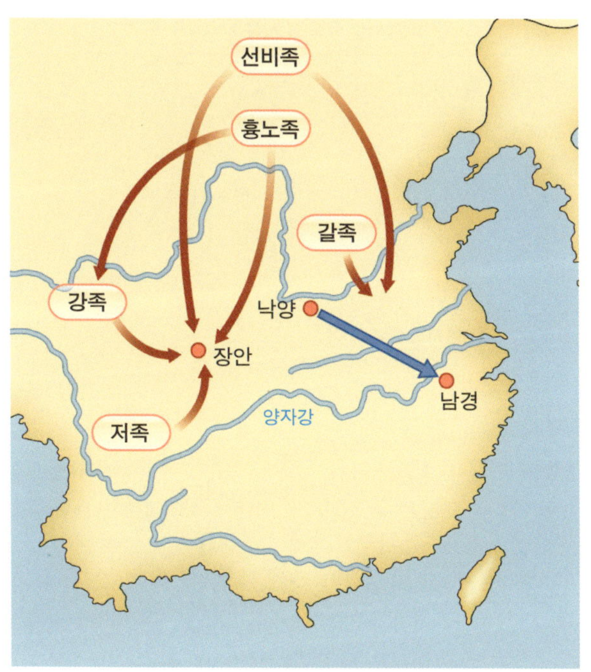

다섯 유목 민족 5호가 남진하고
한족은 이들에게 밀려 남경으로 옮겨 갔다.

기후 변화에 있습니다. 4세기 유라시아 대륙은 한랭화가 본
격화됐습니다. 오카모토 다카시岡本隆司 와세다대 교수는 한
랭화가 남부 농경 지대보다 북부의 유목 지대에 더 큰 피해를
줬다고 설명합니다. 따뜻한 지역이 추워지는 것보다 추운 지
역이 더 추워지는 것에 인간은 더 큰 영향을 받는다는 것이죠.
왜 그럴까요. 농사가 예전 같지 않더라도, 비교적 추운 기후에
서도 잘 자라는 작물로 주식을 대체하면서 인류는 환경 변화

145

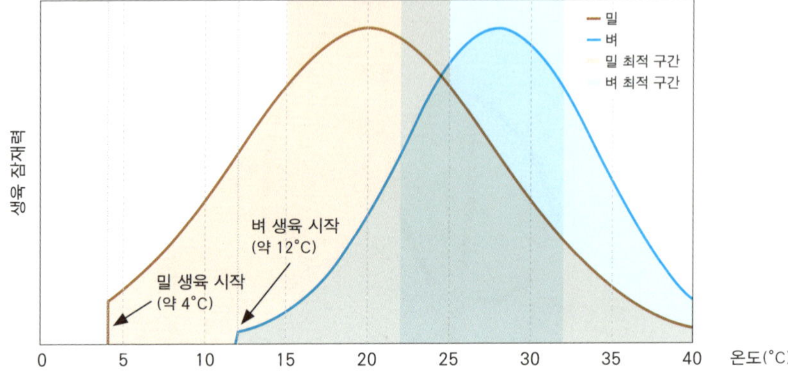

벼와 밀의 생육 조건은 차이가 있다. 벼는 고온다습한 환경에서
재배 가능하고 밀은 춥고 건조한 환경에서도 재배가 가능하여
비교적 재배지가 넓다.

에 적응해 나갈 수 있습니다. 예를 들어 벼가 아닌 밀을 농사
짓는 식이죠. 실제로 이 시기 황하 일대 농경이 그렇게 바뀌었
습니다. 밀은 벼보다 더 서늘한 기후에서 농사가 가능하기 때
문이죠.

문제는 초원입니다. 유목 민족은 초원에 풀이 나지 않으
면 양이나 말을 먹일 대체 수단이 없습니다. 그렇다면 풀과 식
량을 찾아 남쪽으로 이동하는 수밖에 없습니다. 5호의 대대적
인 남하는 이런 배경에서 진행됐습니다.

같은 시기 유럽도 사정이 딱히 다르지 않아서, '게르만족
의 이동'이라고 불리는 사건이 진행됐습니다. 그리고, 이를 막
지 못한 서로마 제국이 멸망하는데, 그런 점에서 로마인들과

한족은 유사한 경험을 한 셈입니다.

북위의 천도

5호 중에서 가장 강력했던 북위(탁발선비) 이전에도 북중국 일대를 통일한 유목 세력이 있었습니다. 저족이 세운 전진前秦이 그랬는데, 북위와 차이점이 있다면 이들은 30여 년을 채 버티지 못했다는 것이죠. 반면 북위는 150년 가까이 지속했습니다. 그 외 다른 왕조들은 북위에 비하면 무시해도 별 상관이 없을 정도로 시시하게 끝났습니다.

이렇게 북위가 여타 유목 민족 왕조와 다르게 오랫동안 패권을 유지할 수 있었던 이유로는 한화漢化 정책이 꼽힙니다. 관제官制 개혁, 한자의 적극 사용, 낙양洛陽 천도, 농업 진흥, 불교 장려, 호속胡俗·호어胡語 금지, 호성胡姓의 한성漢姓 개변 등인데, 쉽게 말해 제도와 풍습을 한족 스타일로 바꾼 것입니다.

중국사에서 명군으로 손꼽히는 효문제는 선비족 전통을 지키려 했던 귀족 세력의 반대를 뚫고 한화 정책을 강력하게 추진했습니다. 이런 분위기 속에 북위 황실도 자신들의 성姓을 탁발拓跋에서 한족 스타일의 원元으로 바꿨습니다.

북위가 이런 정책을 추진한 것은 초원에서 자유분방하게 방목을 하던 유목 민족의 체제로는 체계적인 행정 제도를 만들기 어려웠고, 거대 국가를 지탱하는 데 한계를 느꼈기 때문입니다. 종족의 정체성이냐, 왕조의 지속성이냐. 이것은 중원

한랭화로 인한 유목민의 남하 – 뮬란

을 차지한 유목 왕조들의 공통적인 고민이었는데, 훗날 몽골 제국을 중국식 원元나라로 바꾼 쿠빌라이 칸도 효문제처럼 한화 정책을 펼쳤다는 평가를 받습니다. 효문제의 수많은 개혁 중에서 이 책의 주제에 딱 맞는 두 가지만 살펴보고자 합니다.

첫 번째, 낙양 천도입니다. 원래 북위의 수도는 '평성平城'으로 지금의 산서성山西省(산시성) 대동시大同市(다퉁시) 일대였습니다. 앞서 언급했듯이 효문제는 선비족 지배층의 반발을 물리치고 낙양으로 천도를 단행했습니다.

왜 낙양으로 갔을까요. 기존 역사학자들의 해석은 이렇습니다. '평성은 너무 북쪽이라서 북중국 일대를 통치하는 데 지리적 한계가 있었다', '한화 정책을 추진하기 위해서는 이전 한족 왕조들의 수도였던 낙양으로 가는 것이 상징적이다', '평성에 뿌리를 내린 선비 지배층 세력을 견제하고 한족들의 지지를 얻어 왕권을 강화하려 했다' 등이 있으며, 전부 일리가 있다고 봅니다.

여기서 한 가지 짚어야 할 점이 있는데 낙양으로 천도했던 494년은 한랭기가 최고조로 진행된 시기였다는 것입니다. 평성이 자리했던 다퉁시의 위도는 북위 40도 부근입니다.

앞서 5호의 남진 배경이 한랭기 때문이라고 했는데, 이 무렵의 북위 40도 지역이라면 농사고 유목이고 쉽지 않았을 겁니다. 다시 말해 물자가 부족한 평성을 계속 수도로 둔다는 것은 지배층 입장에서 심각하게 고민하지 않을 수 없다는 것이죠.

2장 생존을 위한 대이동

평성(다퉁)은 전통적으로 연 강수량이 400mm에 해당하는 지역입니다. 이 기준은 역사적으로 동아시아에서 농경 지대와 유목 지대를 가르는 경계선이 됐습니다. 기후가 좋을 때는 농사가 가능하기 때문에 농경민과 유목민이 함께 살 수 있습니다. 아마도 북위 왕조도 처음엔 이런 조건이 수도로서 이상적이라며 꽤 흡족했을지 모릅니다.

하지만 날씨가 한랭해져 농경 한계선이 남쪽으로 밀려나면 상황이 달라집니다. 중국 역대 왕조의 천문, 기후, 천재지변 등을 기록한 《고금도서집성》의 〈역상편曆象編〉에는 북위 시대에 여름에도 서리가 내려 작물이 얼어 죽는 냉해冷害가 발생하거나 눈이 내리고 동사했다는 기록이 자주 등장합니다.

> "북위 태화太和 4년(480년) 9월 초하루, 수도에 눈이 내렸는데, 3척이나 쌓였다."
> "북위 태화太和 20년(496년) 5월, 십수 명이 동사했다."
> "북위 정시正始 원년(504년) 8월 경자, 하주河州에 서리가 내려 농작물이 죽었다."

수도에는 농사를 짓지 않는 전문 집단이 거주합니다. 황실, 관료, 군대, 기술자, 종교인 등이죠. 이들을 먹여 살리려면 농업 인구가 충분히 뒷받침되어야 하는데, 이것이 어려워지니 천도는 선택의 문제가 아니라 생존의 문제였을지도 모릅니다. 만약 외부에서 식량 공급이 가능했다면 이야기가 조금 달라지겠지만, 중국의 곡창 지대인 화북 평원에서 평성까지 곡물

한랭화로 인한 유목민의 남하 – 뮬란

을 운송하려면 태행산맥을 넘어야 했습니다. 이는 만만한 작업이 아닙니다. 운하는 아직 꿈도 꾸지 못할 때였고요. 반면 낙양은 북위 34도입니다. 위도가 6도나 차이가 났습니다. 평성보다는 모든 여건이 훨씬 나았을 것입니다.

흥미로운 것은 비슷한 시기에 수도를 남쪽으로 이동한 나라가 더 있다는 것입니다. 바로 고구려입니다. 고구려 장수왕은 국내성(북위 41도)에서 평양(북위 39도)으로 바꿨습니다. 위도 2도 정도 아래로 내려온 것이 별것 아닌 것 같이 느껴질지 몰라도, 서울에서 위도 2도를 내려가면 울산에 해당합니다. 여기에 더해 장수왕은 적극적인 남진 정책을 펼쳐 백제의 수도였던 한성(서울)까지 정복해 고구려의 영토를 남쪽으로 크게 넓혔습니다.

북위 효문제: 평성(대동: 40.08°N, 113.30°E) → 낙양(34.66°N, 112.45°E)

고구려 장수왕: 국내성(집안: 41.12°N, 126.20°E) → 평양(39.03°N, 125.75°E)

덧붙여 말하자면 저는 《한국사는 없다》라는 책에서 장수왕의 남하 정책의 배경이 한랭화라고 짚은 적이 있습니다. 왜 하필 이때, 한강 일대를 노렸을까요? 예, 농업 생산력 때문일 것입니다. 그런데 기후가 따뜻했다면 만주 남쪽에서도 한강 유역 못지않게 충분히 농산물을 생산했겠죠. 하지만, 한랭화가 절정에 달한 5세기에 만주는 그다지 매력 있는 땅이 아니었을

북위는 수도 평성에서 낙양으로 천도하였으며
고구려도 국내성에서 평양으로 천도하여 남진에 박차를 가했다.

겁니다. 5호가 내려왔듯이 장수왕도 남쪽으로 내려왔습니다. 선택의 여지가 없었던 것이죠.

효문제의 정책 중 또 하나 살펴볼 것은 강력한 한화 정책으로 인해서 본래 오랑캐였던 북위가 점차 한족 국가처럼 바뀌었다는 것입니다. 그러니까 사실 '뮬란'에서 한족 vs 오랑캐의 구도처럼 보이는 것이 역사와 아주 다른 것도 아닙니다. 효문제의 한화 정책이 정착된 시기였다면 말이죠.

사실 전 인류사로 확장하면 비슷한 패턴이 많이 반복됐습니다. 청동기 시대 유라시아 초원에서 활동했던 얌나

한랭화로 인한 유목민의 남하 – 뮬란

야Yamnaya족이 대표적인데, 이들은 기원전 3300년~기원전 2600년경 흑해-카스피해 일대에서 유럽과 아시아로 이동했습니다. 역시 한랭화 때문이죠. 얌나야족은 강력한 군사력을 앞세워 기존 농경 또는 수렵 채집 집단을 밀어냈는데, 자신들도 정착한 뒤에는 농경을 택했습니다. 그리고 훗날 자신들이 버리고 온 땅에서 새롭게 성장한 유목 세력에게 침략을 당했습니다.

그러니까 '한랭화→유목 세력 남하→유목 민족의 농경화→비어 있던 초원에서 다른 유목 민족의 성장 및 침공'은 기후 변화에 따라 수차례 반복된 역사의 과정이었습니다.

그래서 '뮬란'이야말로 기후사의 엑기스를 담은 작품이라고 꼽은 것입니다.

2장 생존을 위한 대이동

핌불베트르Fimbulvetr와 536년의 거대한 겨울

❖ 북유럽 신화의 원전인 '에다Edda'에 따르면, 세상의 종말인 '라그나로크Ragnarök'가 오기 직전, 여름 없이 세 차례의 거대한 겨울The Great Winter이 계속되는 '핌불베트르'가 찾아온다고 합니다.

여름이 없는 3년 동안 눈보라가 몰아치고, 태양은 빛을 잃습니다. 추워진 세계에는 도덕과 질서도 사라집니다. 형제끼리 서로 죽이고, 부모와 자식 간의 윤리가 무너지며, 전쟁과 탐욕으로 가득 찬 세상이 펼쳐집니다. 그리고 이 긴 겨울이 끝날 무렵 늑대 스콜Sköll이 나타나 태양을 집어삼키고, 별이 사라지면서 라그나로크(신들의 황혼)가 시작됩니다. 신들에 의해 결박되어 있던 괴물들이 신들의 세계 '아스가르드'로 쳐들어오고, 신들과 거인족은 비그리드 들판에서 서로가 죽고 죽이는 최후의 전투를 벌입니다. 19세기 독일 작곡가 리하르트 바그너의 오페라 '니벨룽의 반지' 4부작 중 마지막 작품 '신들의 황혼Götterdämmerung'은 이 설화에서 영감을 받아 만들었다고 하죠.

학자들은 이 설화가 서기 536년에 발생한 기후 재난을 반영한다고 주장합니다. 아이슬란드로 추정되는 지역에서 거대한 화산 폭발이 일어났고, 이후 화산재가 성층권에 머물면서 햇빛을 차단해 북반구 기온이 급격히 떨어지는 '화산 겨울'

이 수년간 지속되었다는 것입니다.

당시 스칸디나비아 지역이 궤멸적인 타격을 입었다는 연구 결과도 이를 뒷받침해줍니다. 스웨덴 웁살라 대학의 보 그레슬룬드Bo Gräslund 교수와 영국 애버딘 대학의 닐 프라이스Neil Price 교수가 2012년 발표한 논문에 따르면 536~545년 사이 여름 기온이 급격히 떨어졌는데, 이 시기 스웨덴과 노르웨이에서는 1000년 이상 지속됐던 정착지의 75%가 버려지고, 65곳의 묘역 중 60곳이 더 이상 이용되지 않았다고 합니다.[16]

북유럽 신화에 등장하는 핌불베르트도 당시 18~19개월간 태양이 가려졌던 536~537년의 실제 상황과 일치한다면서 늑대가 태양을 삼키고 별이 사라진다는 묘사도 거대한 화산재 구름으로 인한 어둠을 나타낸다고 설명했습니다. 또, 고틀란

고대 바이킹들의 태양 숭배를 나타내는 고틀란드 비석

드Gotland의 비석에서는 5세기까지 자주 등장했던 '회전하는 태양 원반' 문양이 6세기 이후 사라진 것도 태양 숭배가 힘을 잃었음을 시사한다고도 덧붙였습니다.

워낙 강력했던 기후 재난이었기에 이것은 알프스 이남 지중해에서도 목격됐습니다. 이 시기 동고트 왕국의 관료였던 카시오도루스Cassiodorus는 이탈리아 라벤나 외곽에서 비정상적인 기후 현상을 포착하면서 "별들로부터 우리에게 다가오는 무언가가 '푸른색 태양'을 만들고 보름달을 흐릿하게 한다"라며 "열기 없는 여름Summer without Heat", "끊임없는 서리Perpetual Frost" 등의 표현을 남겼습니다. 비잔틴(동로마) 제국의 프로코피우스Procopius 역시 지중해와 근동 지역에서 "태양이 너무 가려져 그림자를 거의 드리우지 못한다"라며 이 현상이 서기 536년 초부터 537년 여름까지 지속되었다고 서술했습니다.

이후 541년 비잔틴 제국의 수도 콘스탄티노플을 강타한 이른바 '유스티니아누스 역병'은 수년간 이어진 흉작과 기근으로 극도로 굶주려 면역력이 무너진 사람들을 쓰러뜨리면서 제국을 휘청이게 만들었습니다. 학자들은 당시 비잔틴 제국의 인구가 30%에서 많게는 50% 가까이 사망했을 것으로 추정하는데 이 때문에 세금 수입과 군대 시스템이 붕괴하면서 이후 이슬람 세력의 공세에 맞서기 어려운 약체 국가로 전락하게 됐다고 보고 있습니다.

3장

위기를 돌파하는 힘

기술로 극복한 기후의 한계

기후 위기가 밀어붙인 대항해 시대

돈키호테

저 멀리 뿌옇게 먼지가 일어납니다. 그러자 기사는 말릴 겨를도 없이 "알리판파론 대왕의 군대다!"라고 외치며 맹렬한 기세로 돌진하기 시작합니다. 누굴까요? 바로 돈키호테입니다. 몇 넌 전《돈키호테》의 무대인 라만차에 간 적이 있습니다. 여전히 서 있는 풍차 아래 펼쳐진 풍경은 그야말로 황량한 평원이었습니다. 로시난테 같은 말 대신 자동차들이 오가는 거친 땅에서 피어오르는 흙먼지도 여전했습니다.

돈키호테가 온 힘을 다해 용감하게 맞서 싸운 상대는 사실 양 떼였습니다. 돈키호테는 이 '전투'에서 무려 창으로 양 일곱 마리를 즉사시키는 무훈을 세웠지만, 대가도 만만치 않았습니다. 성난 양치기들에게 두들겨 맞아 갈비뼈 3~4개가 골절되고, 아랫니와 윗니 다수를 잃게 된 것이죠. 이렇듯 망상에 빠진 시골 노인 키하나가 기사를 자칭하며 벌이는 허황된 모험담을 따라가다 보면 익살과 연민이 뒤섞이게 됩니다.《돈키호테》는 2002년 노벨연구소에서 진행한 투표에서 문학 역사상 '최고의 책'으로 꼽히기도 했습니다.

세르반테스Miguel de Cervantes의《돈키호테》가 세상에 나

풍차가 돌아가는 황량한 라 만차 지방

왔을 무렵은 이베리아 반도와 중남미에 걸친 제국을 건설하
며 유럽을 호령하던 스페인에 서서히 석양이 찾아오기 시작
할 때입니다. 이미 주인공의 설정부터 상징적입니다. 모험을
찾아 떠나는 패기 넘치는 청년이 아니라, 과거의 향수에만 빠
진 노인이죠. 세상이 바뀐 것을 모르고 가는 곳마다 충돌을 일
으키는 돈키호테의 캐릭터를 드러내는 장치로 가장 잘 알려
진 것은 풍차와 양 떼입니다. 무작정 달려들다가 봉변을 당하
는 대상이죠. 그런데 많은 동물 중 왜 하필 양이었을까요. 그
저 우연이었을까요. 돈키호테가 양 떼와 맞서 싸운 이 에피소
드 속에는 당대 스페인이 처했던 기후, 환경, 경제와 관련된
많은 함의가 숨겨져 있습니다.

메리노양의 본거지

제가 가장 좋아하는 잉글랜드 프리미어리그 축구팀 아스날에
는 미켈 메리노Mikel Merino라는 공격수가 있습니다. 선발보다
는 주로 교체로 나와 경기 흐름을 바꾸는 연결 능력과 결정력
이 돋보이는 선수인데요. 어쩌면 조상으로부터 물려받은 재
능이었을지 모릅니다. 옷에 관심 있는 분들은 알겠지만, 이 선
수의 성姓으로 쓰이는 메리노에 힌트가 있습니다. 메리노는
스페인, 호주에서 사육되는 양의 품종인데 털이 가볍고 따뜻
해 겨울용 니트나 코트에 쓰이는 고급 재료로 통하죠.

　돈키호테가 기사 수업을 한다며 모험을 감행하던 시기,
양모 산업은 스페인 경제를 지탱하는 대표적인 산업이었습

니다. 양털을 팔아 벌어들이는 수입이 국가 경제에 큰 비중을 차지했습니다. 그래서 스페인은 이렇게 귀한 양들이 행여나 다른 나라로 빠져나갈까봐 전전긍긍하며 엄격하게 관리했는데, 양 떼의 이동이나 목초지 등을 관리하는 감독관이 메리노Merino였습니다. 그러니까 '메리노가 관리하는 양'에서 '메리노'라는 명칭이 유래된 것이죠. 참고로 미켈 메리노 선수는 피레네 산맥과 가까운 스페인 북부 팜플로나 출신인데, 여름에 양 떼들이 풀을 뜯으러 가는 경로에 자리한 지역입니다. 그래서인지 '메리노'라는 성을 가진 인구가 많다고 합니다.

　이 무렵 스페인은 양 소유주들에게 많은 혜택을 부여했습니다. 이들은 '메스타Mesta'라는 조합을 만들어 많은 이권을 얻어냈는데, 대표적인 것이 '카냐다Cañada'입니다. 이는 양 떼가 지나는 길을 가리키는데, 건설이나 경작 등이 전면 금지됐습니다. 정부의 보호 아래 메스타 회원들은 점점 부를 늘렸고, 세르반테스가 살던 시기에는 1인당 2만 마리 이상을 보유했다고 합니다.

　그러니 돈키호테가 멀리서 양 떼 무리의 이동을 보고는 군대라고 착각한 것도 무리는 아니라는 생각이 듭니다. 수만 ~수십만 마리의 양 떼가 이동하면 그 흙먼지가 어땠겠습니까. 또한 권력과 결탁된 메스타의 위세가 워낙 등등하다보니 힘없는 농민들이 많은 피해를 입기도 했습니다. 양들이 지나가면서 농작물을 망쳐놔도 제대로 피해를 보상받기도 쉽지 않았던 것이죠. 돈키호테와 양 떼의 '전투'에는 이런 복잡한 스페인의 사정이 담겨 있습니다.

기후 위기가 밀어붙인 대항해 시대 – 돈키호테

양과 토양을 맞바꾼 스페인

그런데 세상에 공짜는 없습니다. 산업이 발달하면 그에 따라서 '외부효과'도 함께하기 마련입니다. 예를 들어 한국은 1970~1980년대 급속한 산업화를 달성했지만, 공장에서 나오는 매연과 폐수로 인해 탁한 공기와 악취에 찌든 강물을 마주해야 했습니다. 돈을 벌기 위해 수백만 마리의 양 떼를 방목했던 스페인도 다르지 않았습니다.

양이나 염소는 풀의 뿌리나 묘목까지 먹어치우기 때문에 토양을 황폐하게 만듭니다. 나무와 풀이 사라지고, 숲이 만들어지지 못한 땅에 비가 오면 흙과 함께 모조리 쓸려나가면서 자갈과 모래만 남은 황무지가 되어버리는 것이죠. 그래서 인류학자나 농업학자들은 고대 문명을 꽃피웠던 그리스의 토양이 황폐해진 것도 비슷한 이유라고 봅니다. 철학자 플라톤은 《크리티아스》에서 "우리 아티카 땅은 뼈만 남은 병자 같다. 비옥하고 부드러운 흙은 다 씻겨 내려가고, 앙상한 바위만 남았다"라고 한탄했는데, 그 범인이 염소라는 것이죠.

게다가 그리스와 스페인은 공통점이 하나 더 있었습니다. 바로 거대한 함대를 통해 지중해 패권을 장악했던 국가라는 점입니다. 아테네 등이 삼단노선을 만드느라 숲의 나무를 모두 베어냈다면, 스페인은 아르마다(무적함대)를 건설하는 데 목재를 소진했습니다. 당시 갤리온 한 척을 만드는 데만 나무가 2000~3000그루가량 필요했다고 하는군요. 배 한 척에 숲 하나씩 사라진 셈이죠. 스페인의 전성기를 이룩했던 펠

3장 위기를 돌파하는 힘

리페 2세는 잉글랜드를 공격하기 위해 아르마다 130척을 동원하면서 전국에 벌목령을 내렸는데 심지어 이 원정은 처참한 실패로 마무리됐으니 스페인으로서는 이중 타격이었을 겁니다. 또한 목동들은 양 떼를 먹일 여름 목초지를 넓히기 위해 산림을 대규모로 벌목하고 불태웠습니다. 그러면서 스페인 토양은 삼중 타격을 받게 됩니다.[17] 이미 이 시대에 함대를 만드는데 필요한 목재를 스페인에서 조달할 수 없어 북유럽까지 구하러 갔다는 연구도 있습니다.[18] 또 스페인은 식민지가 된 쿠바 등 서인도제도에 해군 조선소를 건설하기도 했습니다.

애초에 돈키호테의 무대인 '라만차La Mancha'라는 지역명도 '건조한 땅'을 의미하는 아랍어 '알 만샤Al-Mansha'에서 왔습니다. 이슬람교도들이 이곳을 다스릴 때 붙인 이름이죠. 이곳은 비구름이 산맥에 막혀 잘 넘어오지 못하는 고원이라서 농사짓기에 적당하진 않은 건조 지대였습니다. 그렇더라도 무적함대와 메리노 양이라는 요인이 겹쳐지기 전까지만 해도 돈키호테의 시대만큼 처참한 상황은 아니었다는 게 농업학자들의 의견입니다.

스페인에 양을 치는 방목이 널리 퍼진 것은 레콩키스타(국토 회복 운동) 과정이었던 것으로 알려져 있습니다. 북방의 기독교 왕국들이 이슬람 세력을 남쪽으로 밀어내면서 이베리아 반도를 되찾는 긴 여정이었습니다. 이때 기독교 왕국들은 방목을 널리 권장했다고 합니다. 왜냐고요? 돈을 벌기 좋은 상품이기도 하거니와 이동이 가능하기 때문이죠. 농경지

기후 위기가 밀어붙인 대항해 시대 – 돈키호테

는 고정되어 있기 때문에 이슬람 세력으로부터 공격받을 때도 불리했습니다. 이처럼 양은 이슬람 세력과의 전쟁 과정에 군자금으로 환금이 가능한 유용한 자원이기도 했습니다.

스페인에 양이 많아진 데는 기후도 한몫을 했습니다. 세르반테스가 《돈키호테》를 집필하던 16세기 말~17세기 초는 점차 추워지기 시작하던 때였습니다. 특히 《돈키호테》 1부가 나온 1605년의 직전(1600~1602년)은 유럽에서 기후 이상이 많았던 시기로 유명합니다. 마드리드 북쪽 과다라마 산지의 나이테 연구를 통해 1600~1602년이 나무 생장에 매우 불리했으며, 특히 1601년이 최저치로 나타났다는 연구도 있습니다.[19]

몇 년 동안 비 한 방울 내리지 않는 가뭄이 이어지다가, 갑자기 폭우가 쏟아져 홍수로 농사가 엉망이 되곤 했습니다. 냉해와 가뭄, 홍수가 번갈아 일어났으니 농사짓기에는 그야말로 극악의 환경이었을 것이고, 차라리 양을 키우도록 유도하는 환경이었을지도 모릅니다.

스페인이 후원하게 된 콜럼버스

예전에 정주영 현대그룹 명예회장의 회고록을 읽다가 '자원이 없는 싱가포르가 말레이시아에서 물을 수입해 이를 마실 수 있도록 정수한 뒤 다시 말레이시아에 되파는 것에서 큰 인상을 받았다'는 대목에 눈길이 멈춘 적이 있습니다.

스페인이 딱 이러했습니다. 열심히 양털을 깎기는 했는

3장 위기를 돌파하는 힘

데, 2차 기술은 없었던 것이죠. 그래서 양털을 플랑드르(지금의 네덜란드-벨기에) 같은 선진국에 헐값에 수출하면 플랑드르에선 이를 고급 옷감으로 만들어 다시 스페인에 비싸게 되팔았습니다. 그러니 양털을 팔아 100원을 벌고, 옷감을 수입하며 300원을 내주는 식이었습니다. 이래서는 '무역 적자'가 쌓일 수밖에 없습니다.

　게다가 무역을 통해 상업을 발달시키려고 해도 지중해를 중심으로 한 무역은 이미 베네치아 공화국이나 프랑스, 신성로마제국, 여기에 오스만투르크까지 기존 강자들이 꽉 쥐고 있었습니다. 수백 년간 이슬람 세력을 몰아내는 데 국력을 집중했던 스페인으로서는 끼어들 틈이 별로 보이지 않았습니다.

그런데 이때 예상치 못했던 기회가 이들에게 찾아옵니다. 아니, 제대로 짚자면 기회인지 도박인지 헷갈리는 상황이 찾아왔습니다. 제안자는 크리스토퍼 콜럼버스. 이탈리아 제노바 출신의 상인이었던 그는 인도로 가는 무역로를 새로이 열겠다고 호언장담했습니다. 이 제안은 당시 스페인의 이사벨라 여왕을 매료시키기에 충분했습니다. 이웃 나라 포르투갈이 아프리카를 돌아 인도에 이르는 항로를 개척하며 해상 무역으로 급성장하는 모습을 이미 지켜보고 있었기 때문입니다. 포르투갈은 아프리카의 금과 인도의 향신료를 묶어 유럽의 신흥 강국으로 떠올랐습니다. 그동안 같은 '2류 국가'이지만, 자신들보다는 '한 수' 아래라고 여겼던 포르투갈의 성공에 스페인은 새로운 항로에 대한 유혹을 느끼지 않을 수 없었습

기후 위기가 밀어붙인 대항해 시대 – 돈키호테

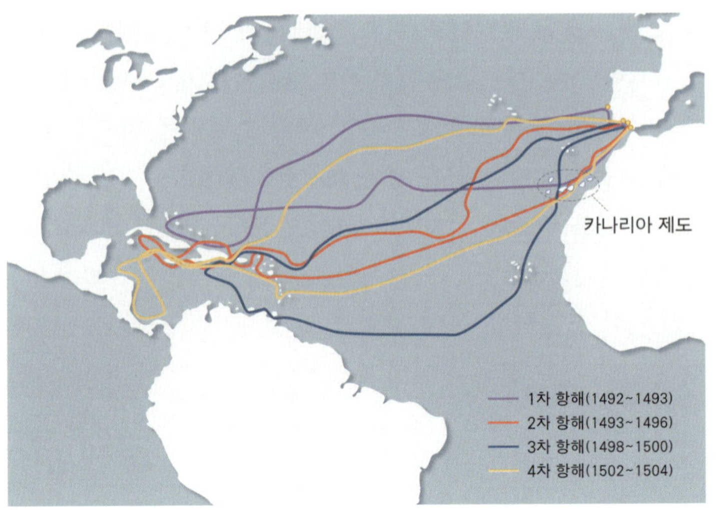

4차까지 이어진 콜럼버스의 항해 경로

니다.

하지만 문제가 있었습니다. 콜럼버스가 제안한 새 항로가 서쪽으로 간다는 점이었습니다. 이때까지 아시아로 가는 길은 동쪽이라는 것이 상식이었기 때문에 스페인 정부로서는 이탈리아에서 온 이 상인의 말을 어디까지 신뢰할 수 있을지 미심쩍을 수밖에 없었습니다.

사실 콜럼버스도 이제 막 자리를 잡은 스페인을 처음부터 노렸던 것은 아닙니다. 이미 잉글랜드나 프랑스 등에 제안했다가 퇴짜를 맞았기 때문에 어쩔 수 없이 이곳까지 온 것이죠.

그럼에도 분위기는 무르익고 있었습니다. 스페인과 포르투갈이 1479년 맺은 알카소바스 조약에 따르면 카나리아 제

3장 위기를 돌파하는 힘

도 아래쪽 바다와 땅, 즉 아프리카를 통해 인도로 가는 영역은 모두 포르투갈로 몫으로 인정됐습니다. 따라서 스페인으로서는 서쪽 항로라는 도박에 운명을 걸어볼 수밖에 없었습니다.

한편, 카나리아 제도 이남의 탐험과 개척을 금지한 알카소바스 조약에도 불구하고 콜럼버스가 항해를 감행하자, 양국 사이에는 날카로운 갈등의 불씨가 당겨졌습니다. 콜럼버스가 새로 발견하게 되는 땅이 어디에 속하는지에 대한 해석이 애매했기 때문입니다.[20]

뜻이 있는 곳에 길이 있다

"부의 고장 아시아로 가는 길은 둘뿐입니다. 아프리카 대륙을 돌아 1년이 걸리는 뱃길 아니면 튀르키예의 육로죠. 하지만 튀르키예는 기독교인의 출입을 막고 있죠. 제3의 길도 있습니다. 바로 서쪽 바다를 건너는 길입니다."

"그 바다는 끝이 없다던데…"

"무지입니다. 인도는 카나리아 제도에서 750해리 거리입니다. 우리 모두 오랫동안 속아서 지냈습니다. 그들은 지구가 평평하다고 우리를 속였습니다."

영화 〈1492 콜럼버스〉에서 서쪽 바다로 배를 띄우는 거대한 모험을 벌이려는 콜럼버스와 그를 만류하는 가톨릭 수사修士와의 대화입니다. 역사적인 이벤트에는 신화 같은 오류가 존재합니다. 콜럼버스도 마찬가지였는데, 대표적인 것이 지구

기후 위기가 밀어붙인 대항해 시대 – 돈키호테

구형설입니다. 어렸을 때, 콜럼버스 위인전을 읽으면 빠지지 않고 등장하는 것이 콜럼버스가 '지구는 둥글다'는 사실을 주변인들에게 설득하느라 애를 먹었다는 장면입니다.

하지만 당시에도 지구가 둥글다는 사실은 이미 상식이었습니다. 다만, 서쪽으로 얼마나 항해해야 아시아 즉, 인도나 일본 또는 중국에 도착할지에 대해서는 의견이 분분했던 것이죠. 콜럼버스의 제안이 번번이 퇴짜를 맞은 것도 이 문제에서 확신을 줄 수 없었기 때문입니다.

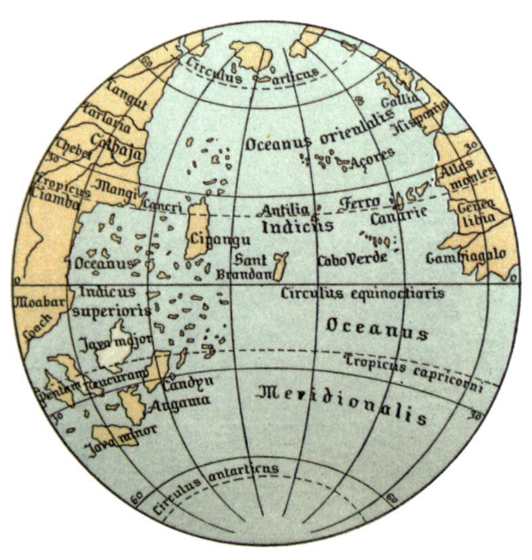

마르틴 베하임Martin Behaim이 1492년 제작한 지구본. 현존하는 가장 오래된 지구본으로 알려져 있다. 오른편의 유럽, 아프리카의 해안과 왼편의 'Cipangu'라고 쓰여진 일본 사이에 아메리카 대륙이 없다. 콜럼버스는 이러한 지리관을 토대로 과감하게 항해에 뛰어들 수 있었다.

　반면, 콜럼버스가 자신감을 가진 데는 나름의 이유가 있었습니다. 황당하게도 지구의 크기를 지금보다 훨씬 작게 계산했기 때문입니다.[21] 그래서 유럽에서 아시아까지 가는 직선거리를 19,600km에서 3,700km로 줄여버렸고 넉넉히 3~4주에 걸쳐 항해한다면 아시아에 도착할 것으로 봤던 것이죠. 그랬기 때문에 다른 사람들과 달리 낙관론을 고수하면서 대서양으로 뛰어들 수 있었습니다. 그리고, 유럽과 아시아 사이에 생각지도 않았던 아메리카 대륙이 있었던 덕분에 콜럼버스는 망망대해에서 떠돌다가 상어밥이 되는 대신 부와 명예를 잡는 행운을 거머쥐게 되었습니다.

　이렇게 보면 사실 그를 뜯어말린 사람들이 합리적인 사고를 한 셈입니디만, '운칠기삼'이라는 말이 있듯이 운이 좋은 사람에게는 당해낼 수가 없는 법인 것 같습니다. '뜻이 있는 곳에 길이 있다'는 말이 현실이 됐으니까요.

대항해 시대를 연 유럽과 닫아버린 중국

소빙기Little Ice Age는 유라시아 공통의 현상이었습니다. 유럽이 14세기 찾아온 소빙기로 신음할 때, 중국 역시 비슷한 위기에 처해 있었습니다. 그 결과가 '팍스 몽골리카Pax Mongolica'를 이룩했던 몽골제국 원元의 붕괴였습니다.

기온이 급감하면서 몽골 초원에는 유례없는 폭설과 혹한이 닥쳤고, 이로 인해 가축이 몰살당하자 340여만 명에 달하는 난민들이 발생했습니다. 원나라 조정은 이들을 구제하기 위해 막대한 재정을 투입해야 했습니다.

하지만 제국의 '창고' 역할을 하던 강남도 기후 재난에 안전지대는 아니었습니다. 소금, 쌀, 면화 등을 생산하며 국가 경제 대부분을 책임졌던 이곳에 한랭화와 홍수가 이어지면서 강남 역시 심각한 경제난에 처했습니다. 특히 문제가 된 것은 소금입니다. 1267~1315년 사이 소금 가격이 약 16배나 폭등했는데, 원나라 세수稅收의 60%를 소금 전매 사업에서 얻었기 때문에 이것은 국가 부도 사태로 이어질 수밖에 없었습니다.

자연재해에 대한 구제 비용으로 막대한 자금이 들어가는 상황에서 강남으로부터 들어오는 세수가 대폭 줄어들자 결국 원나라 조정은 담보가 없는 지폐를 발행했고, 이는 살인적인 인플레이션을 초래한 것이죠. 결국, 강남에서 소금 사업자들을 등에 업은 반란 세력들이 나타났고 이중 두각을 드러낸 게 주원장朱元璋이었습니다.

원을 몰아내고 명明을 건국한 주원장은 원나라와는 반대로 대외 무역을 축소하는 고립 경제의 길을 걸었습니다. 조선 등 조공국에게만 제한적으로 문을 여는 정도였습니다. 조선이 고려와 달리 무역에 소극적이고 나라 문을 잠근 데도 이러한 명나라의 대외 정책이 큰 영향을 끼쳤습니다.

한편, 그런 와중에 명나라 영락제는 환관 정화鄭和에게 명을 내려 대규모 선단을 해외에 파견합니다. 이른바 '정화의 대원정'이라고 불리는 사업입니다. 조공 질서를 동남아시아와 인도양 국가까지 확대한다는 대외 명분도 있었지만, 내적으로는 쿠데타를 일으켜 조카 건문제를 쫓아내고 제위에 오른 정통성의 결함 때문이기도 했습니다. 해외 조공국을 늘려, 제위의 정통성을 보완하려고 한 것이죠. 과거 한국에서도 쿠데타를 통해 집권한 전두환 정부가 아프리카 국가에 대한 수교에 열심이었던 것도 비슷한 시도가 아니었을까요.

정화가 이끈 원정은 일곱 차례에 걸쳐 진행됐는데 가장 규모가 컸던 1차 원정에는 60척의 배와 2만 8,000여 명의 병사, 기술자, 통역가 등이 탑승했다고 합니다. 원정대는 동남아시아와 아라비아, 아프리카 동해안까지 도달했으며, 선단 또한 거대 규모로 알려져 있습니다. 가장 큰 배는 길이가 약 120m, 너비가 50m에 달했다는데, 콜럼버스가 신대륙을 발견하러 갔을 때 탔던 산타마리아호(길이 18m, 너비 6m)와 비교하면 얼마나 대단했는지 상상할 수 있습니다. 이때 기린, 사자, 얼룩말 같은 신기한 동물들을 중국으로 가져와 영락제를 흐뭇하게 만들기도 했습니다. 중국에서는 황제가 선정을 펼치면 하늘에서 영물을 내려보낸다는 속설이 있기 때문이죠.

원정은 1433년 7차 원정을 끝으로 중단됐고, 이후 중국 왕조가 해양을 지배하는 일은 영원히 사라졌습니다. 이후 바스코 다 가마Vasco da Gama가 1498년 인도 캘리컷에 도달하면서 유럽의 긴 해양 지배가 이어지게 됐으니 1433년부터 1498년, 약 60년 공백기는 중국에게 참으로 아쉬운 시간이 아닐 수 없습니다. 정화의 원정대와 콜럼버스 탐험대의 선박 수준을 고려할 때 중국이 사업을 이어갔다면 최소한 인도양과 태평양은 중국의 바다가 되었을 테니까요.

그렇다면 중국은 왜 원정을 더 이어가지 않았을까요. 일단 비용 부담이 컸습니다. 원정대를 한 번 파견하는 데는 막대한 재정이 투입됐고, 잔존한 몽골 세력(북원)을 비롯해 북방의 유목 민족을 상대해야 하는 명나라로서는 국방비에 이미 많은 세금을 써야했기 때문에 여유가 없었습니다.

하지만 이에 못지않게 중요한 것은 중국은 굳이 항해를 이어갈 필요가 없었다는 점입니다. '지대물박地大物博(땅이 넓고 물산이 많음)'이라고 불리는 중국은 외국과 교역을 하지 않아도 자체적으로 필요한 물자를 모두 구할 수 있었습니다. 그래서 위험을 감수하며 어렵게 장거리 항해 교역망을 만드느니, 차라리 내부 유통 인프라를 정비하는 편이 훨씬 효율적이었던 것이죠.[22] 그렇게 해서 정비된 것이 운하입니다. 중국 대륙 곳곳을 잇는 운하를 통해 중국은 강남과 강북, 내륙과 해안을 이어 대륙 구석구석을 통하게 만들 수 있었습니다.

또 하나 거론하자면, 소기 목적의 달성입니다. 앞서 설명했듯이 정화의 대원정은 영락제의 정치적 정통성을 보완한다는 측면에서 추진됐습니다(일설에는 조카 건문제의 시체가 발견되지 않아, 생존 가능성을 염두에 두고 추적했다고도 합니다). 그 결과 동남아시아와 인도, 아라비아 등에서 다양한 국가들이 조공품을 보내면서 영락제가 만족할 성과를 거뒀습니다. 그리고 이후 황제들은 영락제처럼 원정대를 보낼 만큼 정통성 문제를 겪지 않았으니, 더는 막대한 재정을 투입해 사업을 지속할 필요는 없었던 것이죠.

정화가 데려온 기린을 명나라 궁정화가가 그린 작품. 당시 정화 일행은 설화 속 동물인 기린麒麟이라고 여겨 '길조'라며 기뻐했다고 한다.

소빙기가 남긴 문화

네덜란드 풍경화

2026 밀라노·코르티나 동계올림픽을 보면서 가장 인상적이었던 것은 네덜란드 선수들의 폭발적인 스피드였습니다. 오렌지 군단은 축구만 잘 하는 줄 알았더니, 스케이트 쪽이 훨씬 강하더군요. 스피드 스케이팅과 쇼트트랙에서 무려 6개의 금메달을 따는 위력을 과시했으니까요.

이들의 질주를 보면서 몇 년 전, 암스테르담 국립미술관에서 마주했던 헨드릭 아베르캄프Hendrick Avercamp의 〈스케이트 타는 사람들이 있는 겨울 풍경Winter Landscape with Ice Skaters〉이 떠올랐습니다. 빙판 위를 지나치던 17세기 네덜란드인들의 일상이 현대의 금빛 레이스로 이어진 듯해 묘한 전율이 느껴졌습니다.

이 그림이 기억 속에 오래 남아 있었던 것은 그로부터 몇 주 후 런던 박물관을 갔는데, 아브라함 혼디우스Abraham Danielsz. Hondius의 〈템플 계단 앞 템즈강의 눈꽃 축제A Frost Fair on the Thames at Temple Stairs〉라는 작품을 봤기 때문입니다. 두 작품은 어딘지 모르게 닮아 있었습니다.

그렇습니다. 빙판 위에서 벌어지는 서민들의 일상을 담

헨드릭 아베르캄프의 〈스케이트 타는 사람들이 있는 겨울 풍경〉.
인간과 동물이 어떻게 혹독한 겨울을 견뎌내는지 보여준다.

아브라함 혼디우스의 〈템플 계단 앞 템즈강의 눈꽃 축제〉.
혹독한 추위를 맞이했던 1684년의 템즈강은 그 어느 때보다 두꺼운
얼음층을 만들어냈다. 얼어붙은 강 위를 거닐거나 썰매나 볼링 게임을
즐기는 사람들을 볼 수 있다.

아냈다는 것이죠. 전자는 스케이트를 즐기는 모습이라면, 후자는 겨울 시장이 펼쳐진 풍광을 담았습니다.

그런데 두 작품에는 이 밖에도 공통점이 있었습니다. 아베르캄프의 그림은 1608년, 혼디우스의 그림은 1684년에 그려졌다는 것입니다. 모두 17세기죠. 또 하나, 두 사람은 모두 네덜란드 출신입니다.

그래서 이와 비슷한 작품을 더 찾아봤더니 아르트 반 데르 네르Aert van der Neer의 〈얼어붙은 강 위의 스포츠Sports on a Frozen River〉가 있더군요. 미국 뉴욕의 메트로폴리탄 미술관에 전시된 그림입니다. 네, 그렇습니다. 아르트 반 데르 네르도 역시 17세기 네덜란드 화가입니다. 17세기 네덜란드 화가들은 왜 이처럼 얼어붙은 풍광에 매료됐을까요.

힌트는 '스트라디바리우스Stradivarius'라는 바이올린에서 찾아볼 수 있습니다. 이탈리아의 장인 안토니오 스트라디바리와 그의 가문이 제작한 바이올린들을 일컫는데, 300여 년이 지난 지금, 수십억 원에서 수백억 원을 호가합니다. 2011년 경매에서 이 이탈리아 장인이 만든 바이올린이 1590만 달러(약 233억 원)에 낙찰된 적이 있습니다.

이렇게 비싸게 팔리는 이유는 스트라디바리우스가 '최고의 소리'를 낸다고 알려진 덕분인데, 그 비결은 바이올린의 재료가 되는 가문비나무Spruce에 있습니다. 스트라디바리우스가 바이올린을 만드느라 썼던 나무들은 유럽에서 기온이 가장 낮았던 '몬더 극소기Maunder Minimum(1645~1715)'에 자랐는

3장 위기를 돌파하는 힘

데, 날씨가 춥고 겨울이 길면 나무의 성장이 느려져 나이테가 매우 촘촘하고 균일하게 형성된다고 합니다. 그 결과 밀도가 높아지면서 악기의 공명과 소리의 전달력이 현대의 목재보다 월등하다는 것이죠.

네덜란드 화가들이 꽁꽁 얼어붙은 일상을 그렸던 것도 단순한 우연이 아니었습니다. 주변 풍광을 사실적으로 묘사한 것이죠. 그런데 왜 네덜란드 화가들만 유독 얼음에 집착했을까요.
　그것은 네덜란드가 왕국이 아니고, 일찍부터 상업이 발달한 시민들의 나라였기 때문입니다. 국왕이나 귀족들은 화가들에게 그림을 의뢰할 때 보통 자신들의 성이나 저택에 어울리는 늠름한 초상화나 성서, 또는 신화 속의 웅장한 장면을 부탁합니다. 하지만, 당시 일반 시민들은 어디 그랬겠습니까. 그러니 네덜란드 화가들은 이들의 관심을 끌 수 있는 일상의 풍광을 캔버스에 담기 시작한 것이죠. 기후 변화는 서서히 일어나기 때문에 이때 화가들은 자신들의 시대가 '소빙기'라는 인식도 없었을 겁니다. 그저, 겨울은 항상 춥고, 눈보라가 몰아치며, 강이나 운하마저 얼어붙는 때라고 생각했겠죠. 이처럼 17세기는 유라시아 대륙이 모두 저온 현상으로 신음했던 시기였습니다. 조선도 예외는 아니었습니다.

소빙기, 조선을 강타하다

"어실御室(임금의 방)은 침상 아래에 화기火器를 넣어서 따스하

소빙기가 남긴 문화 – 네덜란드 풍경화

게 한다. 그때 반드시 먼저 네모반듯한 벽돌을 침상 아래에 벌여놓은 다음 화기를 넣어야 하는데, 내관內官이 4일에 벽돌을 놓지 않고 이글거리는 불을 넣고는 다시 살펴보지 아니하여 불꽃이 세어져 화기를 뚫고 침상의 판자에 닿아 불이 붙었다. 밤 이경에 이르러 불꽃과 연기가 치솟았으나 겨우 끌 수 있었는데, 만약 밤이 깊어서 끄지 못했다면 불은 크게 일어났을 것이다."[23]

다소 의외일지 모르겠는데, 16세기만 해도 조선의 상류층은 침대에서 자고 식탁에서 식사를 했다고 합니다. 앞에 인용한 《명종실록》의 내용이 그 증거 중 하나인데, 국왕의 침상 아래 엔 화롯불 같은 것火器을 두어 침대 아래를 덥혔습니다. 다만, 불길이 나무로 된 침상 바닥에 닿으면 화재가 날 수 있으니 벽돌로 직접 닿는 것을 막았던 것이죠. 이렇게 아슬아슬한 난방 시설을 둔 것은 온돌이 없었기 때문입니다.

그런데 100여 년이 지난 17세기가 되면 다른 기록들이 보입니다.

"(이원익이 아뢰기를) 선대의 나인들이 모두 말하기를 '사대부 집 종들도 온돌에 거처하는데 나인으로서 마루방에 거처해서야 되겠는가' 하여 이때부터 궐 내에 온돌이 많아졌다 하니, 마루 방으로 바꾸면 낭비를 줄일 수 있을 것입니다."[24]
"(이경여가 아뢰기를) '선조 대에는 대궐의 방에 온돌을 놓는 것 이 매우 적었기 때문에 땔나무가 오늘날처럼 많이 필요하지 않 아 백성들에게 징수하지 않았다'고 합니다. 마땅히 폐단을 줄이

3장 위기를 돌파하는 힘

는 방도를 생각해야 합니다."[25]

궁에서 쓰는 온돌로 인해 연료비를 걱정하는 대목입니다. 이때는 궁에 온돌이 정착됐음을 알 수 있습니다.

17세기의 대학자 송시열도 이와 관련해 흥미로운 기록을 남겼습니다. 그는 이식의 행장行狀(죽은 사람이 평생 살아온 일을 적은 글)에 이렇게 적었습니다.

"공(이식)은 30년 동안 초가집에 살면서 비바람을 가리지 못했다. 방에 온돌을 놓지 않고不設溫突, 흙바닥 위에 나무 침상을 놓고 지냈다. 손님이 오면 '내 방은 누추하여 앉을 수가 없다'며 마루로 모시고 나갔다."

이식은 이조 판서와 대제학을 지낸 고위 관료였습니다. 송시열은 그가 온돌 대신 침상을 썼다는 점에 주목하여 그의 '검소함'을 칭송했습니다. 다시 말해, 17세기가 되면 온돌을 쓰지 않는 집이 드물었다는 것이겠죠.

100년 만에 조선의 난방 시스템을 이처럼 달라지게 만든 것은 '소빙기'였습니다. 이전의 난방 시설로는 버티기 어려워진 조선 사대부들의 눈에 들어온 것이 바로 온돌이었습니다.

궁궐도 마찬가지입니다. 임진왜란 이전까지만 해도 궁궐엔 온돌이 없었는데, 17세기 이후 임진왜란으로 소실된 궁궐(창덕궁·창경궁) 등을 중건하면서 왕실 침전에 온돌을 도입했다고 합니다.[26]

소빙기가 남긴 문화 – 네덜란드 풍경화

온돌의 시작은 한반도가 아니다

온돌이 한국의 전통문화로 정착된 것은 그리 오래된 일은 아닙니다. 일단, 온돌의 기원은 한반도 밖이었습니다. 최초의 온돌 유적이 발견된 곳은 연해주 일대. 기원전 4세기~기원전 1세기경 집터 유적입니다. 고고학계에서는 크루노프카 Krounovka 문화라고 부르는데, 우리에게는 북옥저로 알려진 곳입니다. 영하 30~40도를 넘나드는 혹독한 겨울밤, 추위는 단순한 불편함이 아닌 생존의 문제였습니다. 그 절박함은 단순히 화로를 쬐는 수준에 머물지 않고, '바닥 밑으로 불기운이 지나는 길'을 만드는 파격적인 혁신으로 이어졌습니다. 그것이 바로 온돌의 시작이었습니다. 북옥저의 발명품을 가장 먼저 도입한 나라는 고구려입니다. 한반도인들은 외부에서 좋은 기술을 빠르게 흡수하는 강점을 보이는데, 이때도 그랬습니다. 온돌은 고구려 영토의 확장선을 따라 내려오면서 점차 한반도 지역으로 확산됐다고 합니다.[27]

하지만 삼국 시대 온돌 유적은 주로 도읍 밖 외곽 지역, 군사 주둔지 등에서 발견되고 있습니다. 주류 문화는 아니었다는 의미죠. 고구려가 자랑하는 벽화를 봐도 그렇습니다. 벽화 속 주인공들은 좌식坐式이 아닌 입식立式 문화를 보여주고 있습니다. 여기에 어떤 관계가 있을까요?

좌식과 입식은 온돌의 유무를 가늠하는 중요한 열쇠입니다. 온돌을 사용하면 방바닥이 데워지기 때문에 거기 그대로 앉거나 잠을 잘 수 있습니다. 반면, 비非 온돌 문화에서는 바

3장 위기를 돌파하는 힘

고구려 무용총 접객도

닥 냉기 때문에 의자와 침대를 사용합니다. 중세 유럽을 생각해보면 쉽게 떠올릴 수 있습니다. 다시 말해 삼국 시대 귀족들도 침상에서 자고 식탁에서 식사를 했다는 것이죠. 즉, 온돌은 서민 문화였습니다.

노인과 환자를 위한 온돌 시설

고려 후기의 대표적 문인 이규보는《동국이상국집東國李相國

181

소빙기가 남긴 문화 – 네덜란드 풍경화

集》에서 우리 문학 최초로 '온돌溫突'이라는 단어를 넣었습니다. "돌을 덥혀 온돌을 만드니, 몸을 훈훈하게 지질 수 있어 좋구나." 이규보는 노년이 되자 추위를 많이 타면서 온돌을 즐겼던 모양입니다. 하지만, 이때만 해도 온돌이 널리 이용됐던 것은 아닙니다.

조선 시대 실학자 이익이 남긴 《성호사설》엔 이런 내용을 볼 수 있기 때문입니다. "일찍이 노인들의 말을 들어보면 '전에는 사람들이 흔히 마루에서 잠을 자고 마루방 가운데 병풍을 둘렀으며 요를 겹쳐 바닥에 깔고 잤다. 공경 대부의 너른 집에 온돌은 한두 칸에 불과했고 그마저 노인과 병자가 거처하는 곳이었다'라고 하였다." 이익은 17~18세기 활동했는데, 그에 따르면 한 세대 전만 해도 온돌방은 노인이나 병자들이 쓰는 공간이라는 것이죠.

태종과 세종 때도 비슷한 이야기가 있습니다. 조선 시대에는 인재들을 모아 성균관에서 기숙 생활을 하도록 했습니다. 아무래도 집보다는 면학 분위기 조성에 좋기 때문이겠죠. 하지만, 군대 내무반 생활이 그렇듯이 성균관 학생들도 단체 생활이 영 지겹고 불편했던 모양입니다.

《태종실록》에 따르면 "서울의 힘 있는 집안 자식들이 '생원시(1차 시험)'에 합격해서 성균관 기숙사에 들어오긴 했는데, 며칠 지내보니 잠자리도 불편하고 밥도 맛이 없고 하니 '뭐하러 여기서 고생해?' 하면서 집으로 돌아갔다고 합니다.[28]

그러다 보니 성균관에 남은 것은 "한미寒微한 시골 출신"

3장 위기를 돌파하는 힘

이었던 것이죠. 그런데, 성균관 숙소가 좀 낡고 튼튼하지 않기는 했던 모양입니다. 지금으로 치면 류머티즘과 관절염에 해당하는 풍습병風濕病에 걸리는 성균관 유생들이 많았다고 하네요. 이건 방에 냉기와 습기가 올라올 때 곧잘 걸리는 병입니다. 이를 안쓰럽게 여긴 세종은 "기숙사 방 한쪽에 온돌을 놓으라"는 명을 내립니다. 이조차도 '쪽구들'이라고 해서 방의 일부만 온돌이 통하는 방식이었습니다.

온돌의 역습

이랬던 온돌이 17세기 소빙기를 거치며 대부분의 집에 필수 아이템으로 자리를 잡습니다. 초반엔 서민층이나 노인과 환자 등이 제한적으로 이용하는 시설이었지만, 이젠 국왕조차 사용하는 시설이 됐습니다.

초가집부터 궁궐까지 너나없이 온돌을 사용하니, 땔감의 수요가 급증할 수밖에 없습니다. 전국에서 대대적인 벌목이 이루어졌음을 어렵지 않게 짐작할 수 있습니다. 안 그래도 조선은 주거 시설부터 교통수단까지 모두 나무로 만들었기 때문에 목재가 부족했습니다. 여기에 온돌의 확산은 한반도 숲에 '사형 선고'나 다름없었습니다. 국왕이 거처하는 대전에 사용하는 땔감으로 매년 1만 6,074근의 목재가 소비됐다고 하니, 전국에서 얼마나 많은 나무가 잘려나갔을지는 상상하기 어렵지 않습니다.

급기야 영조 때가 되면 "모든 산이 민둥산이 되어 땔감

소빙기가 남긴 문화 – 네덜란드 풍경화

이 10배는 귀해졌다"라는 기록이 등장하는가 하면, 정조 때는 "옛날에 8~9냥이면 사던 땔나무가 지금은 30~40냥"이라는 탄식 어린 기록도 나옵니다. 그러면서 온돌이 삼림 황폐화의 '주범'이라는 사실을 인식하게 됩니다.

> "지금은 비록 검소하거나 가난한 집이라도 반드시 모두 서너 칸에 온돌을 둡니다. 집을 짓는 데 절제가 없으므로 서울 소재 수백 곳의 산에는 풀뿌리가 거의 다 사라졌습니다."[29]

산에 흙을 단단하게 지탱해주는 나무가 사라지면서 빗물에 쉽게 흘러내려 홍수가 빈번해집니다.

> "북쪽 산기슭은 민둥산이 되어 장마철이 되면 번번이 산사태가 일어나니… 도성 안 개천과 도랑이 막히는 것은 전적으로 여기에서 말미암은 것이다."[30]

게다가 서울은 사방이 산으로 둘러싸인 도시입니다. 여기서 흘러내린 흙과 모래는 작은 개울을 따라 청계천에 쌓이기 시작했습니다. 그 결과 토사가 쌓인 청계천은 영조가 즉위할 무렵엔 하천 바닥이 거의 평지와 같아졌습니다. 그래서 이곳에 밭을 만들어 채소를 심거나 움막을 짓고 살기도 했습니다.

문제는 이런 지대는 비가 조금만 내려도 침수되기 때문에 많은 혼란과 인명 피해가 발생했다는 것입니다. 보다 못한 영조는 1760년 강바닥을 퍼내기로 하고, 대대적인 준설 작업에 나섰습니다. 20만 명을 투입해 57일간 벌인 대공사였습니다. 기록에 따르면 이때 청계천에서 흙을 퍼내다가 옮겨 쌓았는데 마치 산처럼 보인다고 해서 가산假山이라고 부르다가, 그곳에 꽃을 심자 향기가 그윽해서 방산芳山이라는 이름으로 불리게 됐다고 합니다. 현재 서울 방산시장이 자리 잡은 곳입니다.

이어 영조는 산의 출입을 엄격하게 제한하는 봉산封山 정책도 강화했지만, 한 세기 뒤, 고종이 "사산四山(서울 도성의 성터로 연결된 백악산·인왕산·남산·낙산)에 소나무가 몇 그루인가를 셀 수 있을 만큼 나무가 적다"고 개탄한 것을 보면 그 효과가 오래 지속되지 않은 듯합니다.

"온돌을 없애소서"

구한말 조선을 방문한 외국인들은 민둥산을 보며 경악했습니다. 1894년 조선을 찾은 이사벨라 비숍은 벌거벗은 산을 목격했으며, 호머 헐버트 박사도 활엽수로 가득 찬 일본과는 다르게 벌거숭이산을 보았다고 기록을 남겼습니다.

조선과 일본의 다른 풍광을 조선인들도 모르지 않았습니다. 1748년 조선통신사의 일원으로 일본을 다녀온 조명채는 《봉사일본시문견록奉使日本時聞見錄》이라는 기행문에서 "(일본은) 집은 온돌에 불을 때지 않고, 음식은 부엌에서 차리지 않으니, 소나무와 삼나무의 큰 목재를 베는 일이 드물어 가는 곳마다 산과 언덕에 나무가 무성하였다"라고 기록했습니다.

소빙기가 남긴 문화 – 네덜란드 풍경화

역시 통신사로 1763년 일본에 다녀온 성대중은《일본록
日本錄)》에서 일본과의 차이를 지적하는 것을 넘어서 온돌을
없애야 한다고까지 주장했습니다.

"지금은 온돌의 폐해도 심하니, 어린이나 젊은 사람들이 따뜻
한 데 거처하면 근육과 뼈대가 약해진다. 또 산과 습지에 초목
이 모두 사라져 장작과 숯이 날이 갈수록 부족해지는 데도, 이
를 구제할 해결책이 없다. 그런데 내가 가보니 일본에는 온돌
이 없어 노약자들도 모두 마루에서 거처하였다. 나도 일본에서
겨울을 나고 돌아왔는데, 일행 중 아무도 병이 난 자가 없었으
니 힘써 습관을 들이는 데 달려 있을 뿐이다. 전국에서 온돌을
없애면 처음에는 약간 문제가 있겠지만, 결국 큰 이익을 가져
올 것이니 백성들이 기꺼이 따를 것이다."

이렇듯 지식인들 사이에 퍼진 '온돌 타파'는 18세기 실학자들
을 거치며 더욱 확산합니다. 청나라를 방문했던 박제가는《북
학의》에서 "우리 풍속에 온돌은 흙과 돌을 섞어 만드는데, 넓
고 좁음이나 높고 낮음에 일정한 규격이 없다. 그러므로 불이
그 속으로 들어가더라도 흙과 돌에 막혀, 불기운이 앞으로 나
아가지를 못한다"라며 낮은 효율성을 지적한 뒤, "지금 나라
안에 민둥산과 붉은 흙바닥이 열에 여덟, 아홉이다. 제방이 견
고하지 못하고 홍수와 가뭄에 대비가 없는 것이 다 이 때문이
다. 수십 년이 지나지 않아, 나라에는 한 치의 나무도 남지 않
게 될 것"이라고 경고했습니다.

서유구 역시 "온돌 제도가 이미 잘못되어 땔나무를 낭비하지 않을 수 없으니, 도회지 인근에서는 땔나무가 계수나무만큼 비싸 열 식구 사는 집에서 한 해에 100금을 써도 부족하다. 소상인이 얻은 이익이나 농장에서 거둔 소득 중에서 태반을 부뚜막 안에서 다 써버리니, 그 해로움이 첫째"라고 비판했습니다.

중국과 일본은 왜 달랐을까

17세기 소빙기는 유라시아의 공통 현상이었습니다. 그런데도 17세기 청·조선·일본 3국 중 유독 조선만 산림 문제가 심각했습니다. 왜 그랬을까요. 여기에는 중요한 차이가 있습니다.

중국은 땔감으로 나무 대신 석탄을 사용함으로써 숲이 파괴되는 위기를 넘겼습니다. 중국에서 석탄을 사용한 역사는 제법 깊습니다. 무려 《삼국지》에 조조가 업성鄴城에 건설한 빙정대冰井臺에 석탄을 비축했다는 기록이 나올 정도니까요. 석탄을 본격적으로 사용하기 시작한 것은 송나라였습니다. 인구가 급증하고 상공업이 발달했던 이 시대에 중국도 땔감 수요가 급증하면서 산림 황폐화를 겪게 됩니다. 그러자 국가가 나서 석탄 채굴과 사용을 장려했습니다. 중국은 노천 탄광이 제법 풍부해서 이렇게 석탄으로의 전환이 순조로웠던 것이죠. 송나라 시인 소동파(소식)도 서주 지사로 있을 때, 석탄 매장지를 발견하자 기뻐하며 '석탄石炭'이라는 시를 남긴 적도 있는데, 다음과 같습니다.

豈料山中有遺寶, 磊落如醫萬車炭.

南山栗林漸可息.

"어찌 알았으랴, 산중에 이런 보물이 남아 있을 줄을. 우람하게
쌓인 모습은 수만 수레의 숯과도 같았다. 이제 남산의 밤나무
숲은 차츰 베어 쉬게 해도 되겠다."

그만큼 이 시기엔 관리들이 탄광 찾기에 적극적이었습니다.
200년 뒤 원나라를 방문한 마르코 폴로는 《동방견문록》에서
이렇게 썼습니다. "중국 전역에는 검은 돌이 있는 산맥이 있
다. 그들은 이것을 캐내어 장작처럼 태운다. 이 돌은 나무보다
불이 더 오래가고 비용도 저렴하다."

박제가도 청나라에서 이를 보고 조선에도 '검은 돌'이 나
는데, 왜 아까운 나무만 베어 쓰냐고 안타까워한 것이죠. 하지
만, 조선이 중국처럼 석탄으로 전환하기 어려웠던 데는 두 가
지 사정이 있었습니다.

하나는 한반도에는 중국처럼 노천 탄광이 흔하지 않았기
때문에 채굴이 쉽지 않았다는 점입니다. 탄광을 깊게 파고 들
어가야 했는데, 이것은 당시 조선의 기술로는 대단히 어려웠
습니다.

또 다른 문제는 유통입니다. 중국은 일찍이 도로와 운하
를 정비했기 때문에 유통망이 발달했고, 무거운 석탄을 수도
(북경)까지 운반하는 데도 별 어려움이 없었습니다. 반면, 조
선은 물자를 대량 수송할 유통망이 없었기 때문에, 설령 강원
도나 함경도의 탄광에서 석탄을 채굴한다고 해도, 이를 서울

3장 위기를 돌파하는 힘

'옛 임금이 머물던 집'이라는 뜻의 석어당.
선조가 16년간 머물다 1608년 승하한 곳이기도 하다.

까지 옮기기가 쉽지 않았습니다.

일본에서 숲이 보존된 것은 또 다른 문제입니다. 일본은 도호 쿠東北 등 일부 지역을 제외하면 온돌을 쓸 만큼 춥지는 않았 습니다. 그래서 겨울에 한국을 방문한 일본인들이 가장 놀라 는 것은 추위입니다. 도쿄는 영하로 내려가는 일이 흔치 않기 때문입니다.

　또 하나, 온돌을 쓰려고 해도 지진이 잦은 지형에서는 설

소빙기가 남긴 문화 – 네덜란드 풍경화

치가 어려웠습니다. 지진이 나서 흔들리면 애써 설치한 온돌도 망가질 뿐 아니라, 자칫 틈새로 유독 가스가 새어 나와 생명에도 지장을 주기 때문입니다. 그래서인지는 몰라도 일본 주택에는 지금도 온돌 있는 집이 별로 없습니다. 최근에 지은 주택에만 일부 있는 정도입니다. 지금 제가 도쿄에서 살고 있는 집도 10년 전 지었지만, 온돌은 설치되지 않았습니다.

온돌의 유산

소빙기 때 확산된 온돌은 우리에게 많은 '유산'을 남겼습니다. 눈으로 보이는 가장 확연한 변화는 2층이 사라졌다는 것입니다. 중국이나 일본의 전통 가옥과 달리 한옥은 단층 건물이죠. 그 이유는 온돌 설치 문제 때문입니다. 온돌을 2층에 설치하면 무게를 감당하기 어렵기 때문에 모두 1층 집으로 단일화된 것이죠. 반대로 임진왜란 이전엔 조선에도 2층 집이 있었다고 합니다. 과거의 모습을 유지하고 있는 드문 사례가 덕수궁에 있는 석어당昔御堂입니다.

석어당은 현재 한옥에서 남아 있는 유일한 2층짜리 목조 살림집입니다. 경회루 같은 누각이야 2층이 있지만, 일반 주택용으로 세운 건물로서는 석어당뿐입니다. 이곳은 성종의 형 월산대군의 집이었는데, 임진왜란 때 피난갔다가 돌아온 선조가 마땅히 머물 곳이 없어 머무른 곳입니다. 단청을 입히지 않은 것도 선조가 임진왜란 당시 겪었던 고난과 검소함을 잊지 않으려고 그렇게 남겨됐다는 일화가 전해집니다.

3장 위기를 돌파하는 힘

소빙기가 남긴 또 하나의 건축 유산은 낮아진 천장입니다. 온돌을 쓴 것은 추위에 버티기 위함이었습니다. 방바닥을 달궈 열기를 보존하는 방식이죠. 그런데 과학 시간에 배우듯 공기는 따뜻해지면 위로 상승하게 됩니다. 그러니 천장이 높으면 애써 덥힌 따뜻한 공기가 사람 머리보다 위에 머무르게 됩니다. 즉, 방의 부피를 줄여야 적은 땔감으로도 방을 빠르고 뜨겁게 데울 수 있습니다. 그래서 천장을 낮게 설치한 것이죠. 이래저래 입식이 아닌 좌식 문화가 정착될 수밖에 없었던 것 같습니다.

온돌의 나라

구한말 조선을 방문했던 스웨덴 언론인 아손 그렙스트와 영국인 여성 이사벨라 버드 비숍은 마치 빵을 굽듯이 펄펄 끓는 방에서 난감해 했던 한국 인상기를 남겼습니다. 몸이 으슬으슬할 때, 방을 뜨겁게 데워 그 안에서 몸을 지지며 피로를 푸는 조선인의 온돌 문화가 100년 전 한반도를 찾아온 서양인들에게는 이상하고 불쾌한 경험이었던 모양입니다. 그러니 만약 타임머신이 있다면 비숍 여사가 가장 놀랄 장면은 찜질방이 아닐까요.

이태원이나 명동에 있는 찜질방에 갔다가 '양머리'를 한 채, 맥반석 계란을 먹는 외국인들을 본 적이 있습니다. 한국 드라마나 영화 등에서 찜질방을 즐기는 모습이 워낙 자주 나오다 보니 한국을 방문한 외국인들이 가장 기대하는 것 중 하

소빙기가 남긴 문화 – 네덜란드 풍경화

나가 찜질방 체험이라고 하네요. 이제 온돌과 'K'는 떼어 놓고 생각할 수 없게 됐습니다.

이와 관련해 한국인들의 모방과 창조의 DNA를 생각하게 됩니다. 휴대전화나 반도체도 그랬지만, 온돌도 모방과 창조를 통해 한국을 대표하는 상품이 됐습니다. 얼마 전 기사를 보니 영국에서 새로 신축한 주택단지에 한국식 온돌 난방 방식이 도입됐다고 하더군요. 온돌이라면 질색했던 이사벨라 버드 비숍의 후손들이 이제는 온돌 예찬을 부르게 된 것이죠.

또 중국에서도 한국 보일러 업체가 진출하여 온돌을 설치해 적잖은 돈을 벌었다고 들었습니다. 2000여 년 전 한반도 밖에서 고안한 온돌을 들여와 개량한 우리는 이제 온돌을 한국의 대표 상품으로 만들어 해외에 수출하고 있습니다.

3장 위기를 돌파하는 힘

마녀사냥

마을 사람들이 지켜보는 가운데, 나무에 묶인 마녀의 발 아래 장작더미에 불을 놓는 사제. 백년 전쟁에서 잔 다르크의 최후 때문인지 흔히 중세 시대에 저질러진 만행이라는 인상이 짙지만, 실제로 마녀사냥이 가장 횡행했던 시기는 17세기입니다.

그렇습니다. 소빙기가 불러온 재난 때문입니다. 평년보다 추운 날씨, 변덕스러운 기상 이변, 엉망이 된 농작물, 잊을 만하면 찾아오는 대규모 전염병…. 당시 도저히 설명할 수 없었던 재난들에 대해 교회와 정부는 제대로 설명해줄 수 없었습니다. 그래서 떠올린 것이 '마녀'였던 것이죠.

15세기 말부터 18세기 중반까지(대략 1450~1750년) 유럽과 미국에서 마녀사냥으로 처형된 사람은 대략 4만~6만 명 사이로 추산되는데, 학계에서는 이중 절반가량이 17세기 전반기에 집중됐다고 보고 있습니다.

그리고 마녀사냥은 가톨릭 신앙이 강하고, 이단 심문소Inquisition로 유명했던 스페인에서 많이 일어났을 법하지만, 이 또한 다릅니다. 17세기 스페인 역시 소빙기로 큰 타격을 입었지만, 마녀사냥은 가장 적게 일어났고, 가장 빨리 사라졌습니다. 여기엔 17세기 초 활약한 한 이단 심문관의 노력이 있었습니다.

그의 이름은 알론소 데 살라사르 프리아스Alonso de Salazar Frías. 그는 1609년 스페인 북부 바스크 지역의 수가라물디Zugarramurdi에서 수천 명이 연루된 대규모 마녀 소동을 처리하기 위해 이단 심문소에서 파견된 재판관이었습니다. 재판관 3인 중 한 명이었던 그는 다른 재판관들이 고문과 강압으로 자백을 받아 '마녀'들을 화형시키는 장면을 목격하면서 깊은 의문을 품게 됐습니다.

재판 중단을 요청한 그는 스페인 이단 심문소 최고 회의의 승인을 얻어 8개월에 걸쳐 바스크 산악 지대를 돌아다니며 직접 현장 조사를 벌였습니다. 마녀들이 밤하늘을 날아다니며 참석했다는 악마의 집회Sabbat 장소에 직접 가보고, 1,800여 명의 마녀 혐의자(대부분 글을 모르고 혼자 사는 여성)들을 만나고, 사람들이 고발한 마녀들의 '연고'나 '독약'을 동물에 바르거나 먹여본 그는 이단 심문소에 방대한 분량의 보고서를 제출하며 다음과 같은 결론을 내렸습니다.

"마녀들의 '연고'나 '독약'은 평범한 돼지비계나 풀뿌리에 불과했다. 마녀와 마법에 대한 글을 쓰고 이야기하기 전까지, 이 지역에는 마녀도, 마법에 걸린 사람도 없었다."

마녀라는 존재는 실재하는 것이 아니라, 사회적 공포와 강요된 심문이 만들어낸 허상에 불과하다는 것을 고발한 용기였습니다. 1614년 스페인 이단 심문소는 이 기념비적인 보고서를 채택하고, 새로운 지침을 내렸습니다. 물리적이고 실제적인 증거 없이, 자백만으로는 마녀로 유죄를 선고할 수 없다는 내용이었습니다. 이로써 스페인에서는 마녀사냥이 사실상 종식됩니다.

한편, 이와 달리 17세기 초반 마녀사냥이 극에 달했던 곳은 독일입니다. 독일은 가톨릭과 개신교 간에 벌어진 '30년 전쟁(1618~1648)'의 무대가 되면서 큰 희생을 치렀습니다. 여기에 소빙기와 기아, 전염병이 겹치며 인구의 3분의 1 가까이 사망했습니다. 독일은 형식적으로는 신성로마제국에 속했지만, 실제로 각 지역에서 사법과 행정을 맡은 것은 지방 영주였습니다. 이들은 분노한 민심을 수습하기 위해 마녀사냥을 적극적으로 활용했습니다. 여기엔 가톨릭, 개신교가 따로 없었습니다. 스페인의 이단 심문소처럼 강력한 중앙 기구가 없었기 때문에 누구도 지방에서 벌어지는 끔찍한 살육을 제재할 수 없었습니다. 그 결과 유럽에서 가장 끔찍한 마녀사냥이 오랜 기간 이어진 것이죠.

이후 30년 전쟁과 소빙기의 충격에서 회복된 독일에서도 차츰 마녀사냥에 대한 회의론이 고개를 들기 시작했고, 1714년 프로이센의 프리드리히 빌헬름 1세가 마녀재판을 엄격히 제한하는 칙령을 내리면서 프로이센 영토 내에서 마녀사냥이 종식됐습니다. 이후 독일 인근 영주 국에서도 마녀재판을 금지하기 시작했습니다. 스페인보다 100년이 늦은 조치였습니다.

신의 바람이 멈춰 세운 제국의 야망

몽고습래회사

"고려 병사들은 닥치는 대로 죽였다. 사람들은 이를 피해 처자를 데리고 깊은 산에 숨었지만, (적군이) 갓난아기의 울음소리를 듣고 몰려오니, 짧은 목숨을 부지하기 위해 사랑하는 아기를 울며불며 살해할 수밖에 없었다."[31]

몇 해 전 겨울, 중세 일본의 정치 중심지, 도쿄 인근의 가마쿠라로 향했습니다. 호조 도키무네北條時宗가 지은 엔가쿠지円覚寺를 보기 위해서였습니다. 1274년 여·몽麗蒙 연합군이 쳐들어오자 당시 정무를 총괄하는 직책인 싯켄執權으로서 가마쿠라 막부의 실세였던 호조 도키무네는 서신을 보내 항복 요구를 일축했습니다.

"귀국(몽골)은 일찍이 우리와 왕래가 없었다. 또한 우리는 귀국에 대해 아무런 감정이 없는데 흉기를 쓰려고 하고 있다. 성인이나 불교의 가르침은 구제를 일삼고 살생을 악업으로 하는데 왜 귀국은 오히려 민중을 살상하는 근원을 열자는 것인가."

가마쿠라 막부의 8대 실권자 호조 도키무네는 불교 종파 중 하나인 '선종'에
깊은 뜻이 있어 엔가쿠지(원각사)를 짓고 중국에 사자를 파견하여 무사도에
선을 접목한 고승 무가쿠 소겐無學祖元을 초청했다. 호조는 나라에 닥친
위기를 극복하기 위해 기도했고, 선의 정신으로 이겨냈다고 보았다.

엄숙하게 꾸짖었지만, 일찍이 경험한 적 없는 큰 파고가 밀려올 것을 직감했습니다. 일본 조정은 신궁神宮에 국난을 고하는 한편, 각 신사와 사찰에서는 국가의 안녕을 기원하도록 했습니다. 또, 침공이 예상되는 규슈의 하카타 만에 성을 쌓는 등 총력 방위체제로 돌입합니다.

이후 두 차례에 걸친 침공의 결과는 유명합니다. 엄청난 폭풍이 일본을 휩쓸었고, 여·몽 연합군은 10만 명이 넘는 막대한 희생자를 내고 빈손으로 돌아가야 했습니다.

호조 도키무네는 여·몽 연합군의 2차 침공이 무산된 직후인 1282년, 희생자의 영혼을 위로하기 위해 이 사찰을 지었습니다. 여기엔 일본인뿐 아니라 침략자였던 몽골인과 고려인 희생자도 포함됐습니다. 원친평등怨親平等, 불심佛心이 깊었던 그는 '적과 아군을 평등하게 대한다'는 불교의 가르침에 따랐던 것이죠. 하늘이 몹시도 파랗던 겨울날 오후, 이곳에 향을 하나 올리고 나왔습니다.

쿠빌라이 칸의 야망

당시 몽골의 지도자는 쿠빌라이 칸이었습니다. '원元'이라는 국호를 정하고 몽골을 세계 제국으로 발전시킨 것으로 유명한 그가 언제부터 일본을 복속시키려고 마음먹었는지는 알 수 없습니다. 다만, 《원사元史》 속 기록을 들춰보면 이를 부추긴 것은 고려인이었던 것 같습니다.

3장 위기를 돌파하는 힘

"고려 사람 조이趙彛 등이 일본국日本國과 통할 수 있다고 했기 때문에 사신의 임무를 봉행할 만한 자를 선택했다."

이 제안은 왜 쿠빌라이 칸을 움직이게 했을까요. 당시 몽골에게 당면한 과제는 남송南宋 정벌이었습니다. 남송은 장강長江을 경계로 강력한 저항을 펼치고 있었습니다. 그런 상황에서 고려에 이어 일본까지 굴복시키면, 남송을 고립시켜 정복이 쉬워질 수 있지 않겠냐는 구상을 했던 것 같습니다.

그럴 만한 이유가 있습니다. 당시 일본과 남송은 바다를 통해 활발한 경제 교류를 통해 전략 물자도 주고받았습니다. 남송의 동전, 서적, 차, 도자기가 일본으로 건너갔고, 이를 대가로 칼, 금, 유황 등을 가져왔습니다. 당시 일본은 구리가 부족했기 때문에 송나라의 동전을 대량으로 가져와 자국 화폐로 사용했는데, 지금도 파나마 같은 일부 중남미 국가는 자국 화폐를 만드는 대신 미국 달러를 사용하고 있으니 비슷한 상황이었던 것이죠.

남송과 일본의 활발한 교역을 증명한 것은 다름 아닌 전남 신안 앞바다에서 발견된 '신안선'입니다. 이 배는 원래 중국 영파寧波(닝보)를 출발해 일본의 하카타로 향하던 무역선이었습니다. 발견 당시 배 안에는 송나라가 자랑하던 도자기를 비롯해 다양한 물품이 실려 있었는데, 무려 28톤, 약 800만 개에 달하는 송나라의 동전도 발견돼 당시 일본에서 얼마나 많은 송나라 동전이 사용됐을지를 짐작게 했습니다.

신의 바람이 멈춰 세운 제국의 야망 – 몽고습래회사

흑유를 두껍게 입힌 도자기,
흑유 병黑釉瓶. 나팔 모양의
입구와 가늘고 긴 목이
유연하게 아래로 흐르는
형태의 옥호춘병

흑유 유두무늬 항아리黑釉乳頭文壺.
송·원 시대의 대표적인 가마터,
칠리진요七里鎭窯에서 제작된
항아리로 안쪽에만 흑유를 바른
독특한 형태를 볼 수 있다.

이 중 몽골의 신경을 건드린 것은 유황입니다. 남송이 강력한 몽골군을 상대로 버틸 수 있었던 이유는 화약 무기 덕분이었습니다. '하늘을 뒤흔드는 천둥'이라는 의미의 진천뢰震天雷는 당시의 수류탄 같은 무기였습니다. 그런데, 화약을 만들려면 유황이 반드시 필요했고, 화산이 많은 일본은 당시 동아시아 최대의 유황 생산국이었습니다. 따라서 몽골의 입장에서는 남송-일본의 커넥션을 끊어내야 할 필요가 있었던 것이죠. 해군이 강력했다면 남송과 일본 사이의 바닷길을 차단하면 그만이지만, 몽골은 바다에서만큼은 힘을 쓰지 못했습니

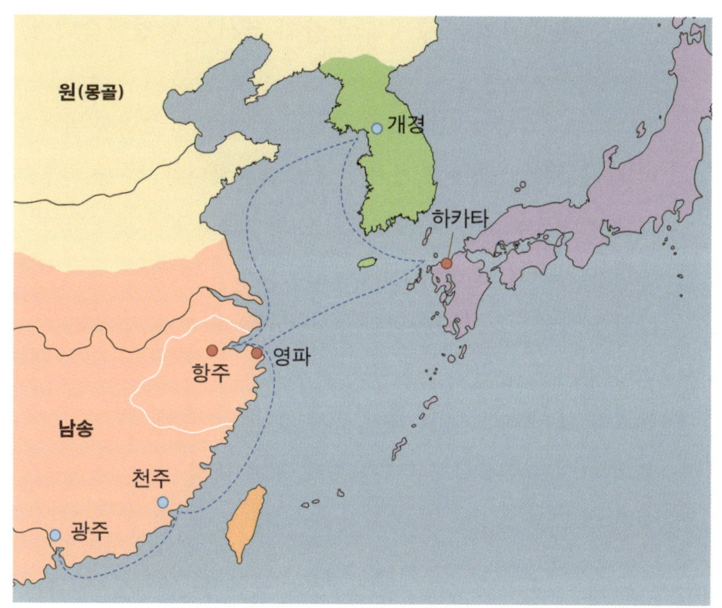

남송과 일본의 무역

다. 그러니 일본을 외교적으로 굴복시키거나, 군대를 이끌고 일본에 상륙하는 수밖에 없다고 보았습니다. 그리고, 이 정벌을 위해서 일본까지 가는 바닷길에 익숙하고 함선도 만들 줄 아는 고려의 협조가 필수였습니다.

고려로 향한 불티

조이는 몽골에서 충성심을 인정받았겠지만, 일본 정벌 계획은 고려를 더없는 곤란에 빠뜨렸습니다. 1267년 몽골 사신 흑

신의 바람이 멈춰 세운 제국의 야망 – 몽고습래회사

적黑的이 고려에 가져온 쿠빌라이 칸의 조서는 강경했습니다.

"그대 나라 사람 조이가 와서 말하기를, '일본은 고려와 가까운 이웃 나라인데, 법률과 정치가 제법 훌륭합니다. 한·당 이후로 때때로 중국에 사신을 파견하기도 하였습니다'라고 하였다…. 그대는 사신이 그 땅(일본)에 도달하도록 안내하여 동쪽(일본) 사람들을 깨우치고 중국의 의를 사모하도록 하라. 이 일은 경卿이 책임지고, 풍랑이 험하다는 말로 핑계 대지 말고 이전에 일본과 통한 적이 없다고 하며 혹시 그들이 명령에 따르지 않고 보낸 사신을 거부할까 염려된다고 핑계 대지 말라. 경의 충성심은 이 일로 드러날 것이니 각별히 힘쓰라."[32]

이때 고려 조정의 실력자는 문하시랑門下侍郎 겸 판병부사判兵部事였던 이장용이었습니다. 60대 후반에 접어든 그는 외교와 행정을 총괄하며 병권까지 쥐고 있었습니다. 그는 고려의 대표적 문벌 귀족 경원 이씨 집안으로 19세에 문과에 급제할 만큼 실력을 인정받은 엘리트이기도 했습니다.

게다가 몽골이 고려의 입조와 개경 환도를 요구했을 때는 이에 반대하는 무신 정권에 맞서 몽골의 요구를 관철시켰던 전력도 있었습니다. 그러니, 명문가 출신에 일찌감치 '친親몽골' 노선을 탄, 장래가 보장된 고위 관료라고 할 수 있었습니다. 몽골의 요구를 접한 이장용은 지체하지 않고 기민하게 움직였습니다. 하지만, 예상과는 다른 행보였습니다.

이장용은 일본까지 안내를 받기 위해 고려에 머무르던

3장 위기를 돌파하는 힘

흑적에게 편지를 보냈습니다. 오랫동안 고립됐던 일본이 절대 입조하지 않을 것이라는 점을 강조하면서 "바다가 험난하여 일본으로 가다가 변고를 당할 수 있다"고 경고하는 내용이었습니다. 이를 읽은 몽골 사신들은 본국으로 되돌아갔습니다.

이장용은 몽골에도 서신을 보냈습니다. "예로부터 고려와 일본 양국은 교류하지 않았습니다. 단지 대마도에서 간혹 무역 때문에 금주金州(김해)에 왔을 뿐입니다"라고 일본과의 관계를 부인했습니다. 그러면서 "중국과 일본은 바다로 만리萬里를 사이에 두고 있고 매년 공물을 보낸 적도 없습니다. 그동안 중국도 찾아오면 받고, 오지 않으면 관계를 끊었는데, 일본과의 교류가 황제의 권위를 손상할 일도 없습니다"라고 달랬습니다. 몽골의 체면을 살려주면서 일본은 굳이 상대할 가치가 없다고 강조한 것이죠.

아울러 그는 일본에도 손을 썼습니다. 칸의 조서와 고려의 국서를 함께 보내 사태의 위급함을 알리는 한편 금주에 있던 무역관을 철거해 일본과의 교류 증거를 모두 인멸했습니다. 이렇게 일본 침공을 무산시키기 위한 그의 필사적인 노력은 몽골의 발걸음을 일단 붙잡아두는 데는 성공했습니다.

이장용은 왜 그랬을까요. 이장용은 경험 많은 관료였고, 몽골과 일본 양국의 사정을 잘 알았습니다. 그는 몽골의 입조 요구가 결국 '일본의 거부→몽골의 침공'이라는 전개로 이어져, 이제 막 안정을 찾은 고려도 중간에서 적잖은 화를 입게 될 것이라 내다봤습니다.

신의 바람이 멈춰 세운 제국의 야망 – 몽고습래회사

　　하지만 몽골도 이런 속내를 모르지 않았습니다. 이미 칸은 고려로 보낸 조서에서 고려가 회피할 가능성을 경고한 바 있었습니다. 몽골은 이장용을 해임하라고 요구했고, 관직에서 물러난 이장용은 울화 등이 겹쳐 건강이 급속도로 악화하여 1년 뒤 사망했습니다. 고려의 안녕을 위해 일생을 살았던 엘리트 관료의 퇴장이었습니다.

고쿠리와 무쿠리의 전설

이장용이 죽고 고려는 전쟁의 소용돌이에 끌려 들어갑니다. 특히 900여 척의 함선을 건조하느라 막대한 재정과 목재, 노동력을 징발 당해야 했습니다. 이렇게 2년을 준비한 몽골은 1274년, 연합군 3만 명을 이끌고 일본을 침공했습니다. 여기에는 고려와 여진의 군사도 참여했습니다. 수백 년간 외침을 당한 적 없는 데다, 수도에서 멀리 떨어진 규슈의 군대로 세계 최강 몽골군을 상대하기에는 역부족이었습니다. 원정군은 일본군을 순식간에 궤멸시키고 연안 지대를 약탈했습니다. 규슈는 말 그대로 아비규환이 펼쳐졌습니다. 당시 원정군의 흉포함을 전하는 전승들은 여러 기록에 남겨졌으며, 어린아이가 울 때 "무쿠리(몽골)와 고쿠리(고려)가 잡으러 온다"고 하면 울음을 뚝 그친다라는 이야기가 전해질 만큼 공포의 대명사로 자리 잡았습니다.

　　"남자는 죽이거나 포로로 삼고 여자는 한곳에 모아 손바닥에 줄을 꿰어 뱃전에 매달았다. 잡힌 자 중 목숨을 건진 사람은 없었다."[33]

규슈를 휩쓴 몽골군은 철수를 결정했습니다. 이만하면 일본도 몽골의 두려움을 깨닫고 복속해 오리라 판단한 것이죠. 또한 현실적으로 규슈에서 수도 교토까지의 긴 보급선도 고려하지 않을 수 없었을 겁니다. 다만, 이때 예상치 않은 날씨가 이들을 휘저었습니다. 900여 척의 선박 중 200여 척이 파손됐는데, 《고려사》는 돌아오지 못한 자가 '1만 3,500명'이라고 기록했습니다. 원정군 중 약 30%가량이 사망하거나 실종된 것이죠.

몽골의 기대와 달리 일본은 복속을 거부했고, 8년 뒤 2차 원정이 벌어졌습니다. 이번에는 몽골도 단단히 준비했습니다. 무려 15만 명의 원정군을 편성했는데, 특히 주목되는 것은 이미 정복된 남송에서 강남군 10만 명이 징발됐다는 점입니다. 몽골군과 달리 남송 출신의 강남군은 해전에 익숙했기 때문에 몽골은 기대가 컸습니다. 강남군에는 농민들과 곡식 종자, 농기구 등이 대거 포함됐는데, 이것은 현지에서 이들을 정착시켜 군량과 보급선까지 해결해 장기전에 대비하려 했음을 알 수 있는 대목입니다. 또, 남송의 화약을 도입해 만든 '테츠하우鉄砲' 같은 화약 무기도 갖고 갔는데, 당시 상황을 남긴 가마쿠라 후기의 그림, 〈몽고습래회사蒙古襲来絵詞〉에도 생생하게 묘사되어 있습니다.

2권의 두루마리로 구성한
가마쿠라 시대 후기 그림
〈몽고습래회사〉. 왼쪽의
원정군이 사용한 '데쓰하우'의
폭발이 묘사되어 있다.

이들이 하카타 만에 정박했을 때, 그 유명한 태풍이 몰아쳤고 이들이 타고 온 3,500여 척의 함선 대부분이 침몰했습니다. 이틀 후 지휘관들은 원정 포기를 결정했고, 일본에서 긴급히 탈출했습니다. 지휘관이 사라진 채 남겨진 병사들은 패닉에 빠졌고, 남송군 10만 명은 대부분 일본군에 의해 몰살된 것으로 전해집니다. 몽골군 역사상 최대의 참패였습니다. 국난에 빠진 일본을 구한 두 차례의 신의 바람, 카미카제神風의 전설은 이렇게 탄생했습니다.

'신의 바람'이 불다

당시 기록들과 여러 정황을 살펴본 핫토리 히데오服部英雄 규슈대 교수는 1차 원정에서의 비바람은 태풍이 아니라고 단언합니다. 이때는 11월로 겨울이기 때문에 일본에 태풍이 지나가는 시기가 아니기 때문에 그저 겨울철 일시적으로 불어닥친 강한 폭풍우 정도로 보는 것이죠. 핫토리 교수는 애당초 1차 원정은 '위협'을 목적으로 하는 무력시위였으며, 목적을 달성하고 철수하던 중 풍랑을 만난 정도로 보고 있습니다.

하지만 2차 원정은 달랐습니다. 이때는 이후 몽골, 아니 중국 왕조들은 두 번 다시 일본 원정을 꿈꾸지 못할 만큼 피해가 막대했습니다. 그만큼 태풍의 위력이 강력했던 것이죠. 문제는 원정 시기입니다. 하필 태풍이 가장 많이 찾아오는 8월이었습니다. 왜 이때를 택했을까요. 태풍의 성수기라는 걸 몰랐을까요? 설령 몽골이 몰랐더라도 고려나 남송 출신 지휘관들이 몰랐을 리가 없습니다. 남송은 일본과 교류가 활발했고, 배를 자주 띄웠기 때문에 현지 날씨 사정에 밝은 편이었습니다.

그럼에도 이때 원정을 감행했던 데는 그럴 만한 이유가 있었습니다. 하나는 바람의 방향입니다. 이때 강남군은 영파 인근에서 출발했습니다. 여기서 10만 명이나 되는 어마어마한 규모의 배를 띄워 일본까지 가려면 남쪽에서 불어오는 바람의 도움 없이는 불가능했습니다. 그 시기가 여름이었습니다. 겨울엔 북쪽에서 바람이 불어오기 때문에 일본으로 가기 어려웠습니다. 어쩔 수 없이 여름에 원정군을 보낸 이유입니다. 그래도 태풍을 피하기 위해 최대한 서둘러 출정일을 잡았고, 그것이 초여름인 6월이었습니다. 사실 이대로만 됐어도 '신의 바람'은 피할 수 있었을 겁니다.

그런데 여기서 예상치 않았던 문제가 발생합니다. 보급 지연입니다. 결과적으로 이것이 원정을 틀어지게 한 결정적 요인이 됐는데, 강남군의 출항이 보급 문제로 한 달이나 늦어져버린 것이죠. 이미 도착해 있었던 동로군(고려군·몽골군)은 한 달 이상 대기할 수밖에 없었고, 강남군과 합류했을 때는 이미 태풍이 빈발하는 한여름이 되어 있었습니다. 그리고 이들이 합류해 하카타 만 앞에 정박했을 때, 마치 기다렸다는 듯 '신의 바람'이 불어닥친 것이죠.

이와 관련해 미국 매사추세츠 주립대 J.D 우드러프 Woodruff 교수팀은 2015년 흥미로운 조사 결과를 내놨습니다. 당시 원정군이 정박했던 곳에서 조금 떨어진 일본 규슈 시모

신의 바람이 멈춰 세운 제국의 야망 – 몽고습래회사

시마섬에 있는 다이자 호수에서 나온 퇴적물을 분석했더니, 13세기 후반 퇴적층에서 바다에서 밀려온 스트론튬Sr 성분이 급증한 것을 발견했다는 내용이었습니다.[34] 다시 말해 몽골군이 규슈에 왔을 무렵 바닷물이 내륙의 호수까지 범람했을 정도로 거대한 태풍이 불어닥쳤다는 것이죠. 또한 이 퇴적층은 20세기의 강력한 태풍이었던 카테고리 3~4급의 그레이스(1954년), 진(1965년)이 남긴 퇴적층과 유사하거나 더 뚜렷하다며, 몽골군을 덮쳤던 태풍이 카테고리 3 이상의 위력을 갖고 있었다고 추정했습니다. 이를 통해 연구진은 이 시기 태풍 활동이 활발했으며, 원정군도 강력한 태풍을 만났을 것이라는 결론을 내렸습니다.

고스트 오브 쓰시마

"나는 네게 명예롭게 싸우는 법을 가르쳤다."
"명예는 해변에 묻고 왔습니다."

사무라이 사카이 진境井仁과 그의 숙부 시무라志村가 나누는 대화입니다. 게임 '고스트 오브 쓰시마'는 몽골 침공 후 절체절명의 위기에 빠진 쓰시마섬을 배경으로 일본 사무라이들의 분투와 고뇌, 갈등을 촘촘하게 다뤄 큰 인기를 얻었습니다. 유려한 그래픽과 게임성도 호평을 받았지만, 다양한 개성을 가진 등장인물들이 펼쳐내는 서사도 일품입니다.

최근 탄탄한 스토리를 갖춘 게임들이 많다 보니 이를 원

작으로 하는 영화나 드라마 등이 나오는데, 미국 독립 혁명이
나 프랑스 혁명 같은 세계사의 분기점에 비밀결사 암살조직
이 활동했다는 〈어쌔신 크리드〉나 전염병이 퍼진 세상에 남겨
진 생존자들의 사투를 그린 〈라스트 오브 어스〉 등이 대표적
입니다. 〈고스트 오브 쓰시마〉 역시 영화화가 예정되어 있다
고 합니다.

시무라의 조카이자 양아들 진을 나무라는 것은 몽골군을
상대로 독화살 공격이나 기습 등 '떳떳하지 못한' 방식을 쓴다
는 이유 때문입니다. 그러자 진은 몽골군의 침공을 막기 위해
해변에서 싸우다가 궤멸했던 기억을 떠올리며 '명예는 해변에
묻고 왔다'고 무덤덤하게 답합니다. 명예를 지키다 패배하느
니, 비겁한 방식을 쓰더라도 몽골군을 격퇴하는 게 중요하다
는 것이죠.

실제로 몽골군 침공 이전의 일본과 이후의 일본은 다른 나라
가 됐습니다. 처음으로 외국 군대가 일본에 상륙해 일본군을
박살 냈기 때문에 이로 인한 정신적 충격은 대단했습니다. 몽
골의 침공을 일본에서는 '몽고습래蒙古襲来'라고 부르는데, 이에
관한 〈몽고습래회사蒙古襲来絵詞〉 같은 그림까지 남긴 것이죠.

또한 사카이 진의 항변처럼 이 사건은 일본의 전투 방식
을 근본적으로 뒤흔들게 됩니다. 이전 일본에서는 무사들의
명예와 의식을 중요시했습니다. 전투가 시작되기 전에 지휘
관이 앞으로 나와 자신의 이름과 가문의 내력을 밝히는 '나노
리名乗り'라는 의식을 가진 뒤, 1 대 1로 겨루는 방식을 즐겨 했

신의 바람이 멈춰 세운 제국의 야망 – 몽고습래회사

습니다.

　하지만 몽골군에게 이런 방식이 통할 리 없었습니다. 일본의 무사가 "나로 말할 것 같으면!"하며 입을 여는 순간 말을 타고 달려들어 순식간에 목을 베어버렸던 것이죠. 뒤늦게 정신을 차린 일본군은 나노리 같은 의식을 없애고, 몽골 기병 맞춤형 전술로써 창병槍兵으로 무리를 지어 맞서는데, 이것은 훗날 전국 시대戰國時代에 오다 노부나가 등이 널리 활용한 아시가루足輕의 원형으로 평가되고 있습니다.

아르마다를 무너뜨린 '프로테스탄트의 바람'

몽골군이 휩쓸고 300년 뒤 영국 앞바다에서도 비슷한 사건이 벌어집니다. 1588년 유럽 최강국이던 스페인은 유럽 내 개신교(프로테스탄트)의 확산을 막고, 자국의 무역선을 자주 약탈하던 잉글랜드를 치기로 결정했습니다. 당시 잉글랜드를 이끌던 엘리자베스 여왕은 개신교의 일파인 성공회의 수장으로서 자국 내 가톨릭을 억압하고 있었습니다.

결정적으로 방아쇠를 당긴 것은 스코틀랜드의 전 여왕인 메리 스튜어트의 처형입니다. 엘리자베스 여왕은 반란 등의 혐의로 메리 스튜어트를 참수했는데, 문제는 메리가 죽기 전 '나의 왕위 계승권을 스페인의 국왕 펠리페 2세에게 넘긴다'라고 유언을 남긴 것이죠. 메리 스튜어트는 엘리자베스 여왕의 사촌으로 스코틀랜드의 여왕이면서 동시에 잉글랜드 왕위 계승 후보 중 하나였습니다.

펠리페 2세는 유럽 바다를 제패했던 무적함대 '아르마다'를 이끌고 기세등등하게 잉글랜드를 공격했지만, 잉글랜드 해군의 선전에 막혀 스코틀랜드 북쪽-아일랜드 서쪽 바다를 우회해 돌아가다가 거대한 폭풍우에 휩쓸려 함선들이 침몰했습니다. 간신히 살아남아 아일랜드로 상륙한 스페인 병사들도 대부분 그곳에 있던 잉글랜드 군대에 잡혀 살육됐습니다.

잉글랜드는 기념 메달을 제작하면서, "신이 바람을 불게

하시니, 그들이 흩어졌다God blew and they were scattered"는 문구를 새겼고, 이후 이때 불어온 폭풍우는 '프로테스탄트의 바람Protestant Wind'이라고 불렸습니다.

이 무렵 유럽은 소빙기 영향권에 있었는데, 기온이 낮아지고 북극의 빙하가 많아지면서 극지방과 적도의 온도 차가 커져 폭풍을 만드는 동력이 강해졌다고 합니다. 1588년 스페인 해군이 만난 폭풍도 소빙기의 불안정한 기압이 만들어낸 결과였던 것이죠.

이 사건은 당대 양국 정치에 큰 영향을 끼쳤다고 볼 수는 없지만, 이후 유럽의 패권이 스페인에서 영국으로 넘어가는 단초로 평가됩니다. 최강 스페인 해군을 물리친 잉글랜드는 이후 해군을 집중적으로 육성했고, 전 세계 바다를 무대로 제국을 다져가기 시작했기 때문입니다.

화산 폭발 속에서 피어난 예술

프랑켄슈타인

몇 년 전, 런던에서 1년간 머무르면서 가장 자주 갔던 곳은 '테이트 브리튼Tate Britain'이라는 미술관이었습니다. 딱히 미술에 대한 관심이라기보다는 집에서 가까웠고 입장료가 무료(이게 가장 중요)였기 때문입니다. 집에서 10분 정도 걸어 나와 커피 한 잔을 들고 공짜로 명화를 감상하는 것보다 더 저렴하고 괜찮은 여가 활동은 없었습니다.

테이트 브리튼은 영국 출신 화가들의 명화를 다수 소장한 것으로 유명한데, 덕분에 몇몇 화가에 대해 알게 됐습니다. J.M.W. 터너Joseph Mallord William Turner도 그중 한 명입니다. 사실, 이곳엔 터너의 전시실만 11개가 있으니, 터너를 그냥 지나칠 수는 없습니다. 테이트 브리튼에는 터너의 〈눈보라-항구를 나서는 증기선Snow Storm - Steam-Boat off a Harbour's Mouth〉, 〈노럼 성, 일출Norham Castle, Sunrise〉, 〈호수 위로 지는 해Sun Setting over a Lake〉 등의 대표작이 있었는데, 대상을 모호하게 묘사하면서 빛의 흐름을 포착하는 몽환적인 분위기가 신선하게 느껴졌습니다.

〈눈보라 - 항구를 나서는 증기선〉

〈노럼 성, 일출〉. 안개와 구름에 흩어진 일출을 그렸다.

1816년, 기묘한 여름

1816년, 터너는 흥분과 설렘으로 새해를 맞이했습니다. 41세가 된 그는 이미 영국 미술계의 거장이자 왕립 아카데미Royal Academy의 정회원으로 직업적 성공을 거두었습니다. 특히 지난해(1815)는 그에게 특별했습니다. 훗날 대표작으로 꼽힐 〈카르타고를 건설하는 디도Dido Building Carthage〉를 발표해 큰 호평을 받았는데, 스스로도 만족감이 컸는지 훗날 국가에 기증하면서 자신이 평생 따라잡고자 노력했던 프랑스 화가 클로드 로랭의 〈시바 여왕이 승선하는 항구Seaport with the Embarkation of the Queen of Sheba〉 옆에 걸리는 조건을 유언으로 남겼습니다.

여기에 1815년 6월 워털루 전투가 영국의 승리로 막을 내렸습니다. 10여 년 가까이 영국을 괴롭힌 '악몽', 나폴레옹 보나파르트를 영원히 봉인하게 된 전투였습니다. 이것은 터너에게 전쟁으로 막혔던 유럽으로 가는 길이 열렸다는 것을 의미했습니다. 유럽 여행 계획을 준비하던 터너는 일단 의뢰가 들어와 있던 출판 삽화 작업을 위해 1816년 7월 영국 북부 요크셔로 스케치 여행을 떠났습니다.

하지만 터너에게는 지금껏 경험한 적 없는 악천후가 기다리고 있었습니다. 끊임없이 내리는 비와 매서운 강풍 속에서 터너는 스케치를 하는 데 애를 먹었습니다. 하지만, 이때 경험한 어두운 하늘과 짙은 안개, 그 사이로 비치는 희미한 빛줄기는 터너의 독특한 화풍을 만드는 데 큰 영향을 끼치게 됩니다.

화산 폭발 속에서 피어난 예술 – 프랑켄슈타인

클로드 로랭의 〈시바 여왕이 승선하는 항구〉. 시바 여왕이 예루살렘에서 솔로몬 왕을 만나기 위해 길을 나서는 구약성경의 한 장면을 묘사했다.

그리고 터너가 이처럼 악전고투를 할 무렵, 먼저 바다를 건너 대륙으로 떠났던 한 쌍의 영국인 커플이 있었습니다. 메리 고드윈이 유명한 시인 퍼시 셸리와 함께 스위스로 밀월 여행을 떠난 것은 1816년 5월이었습니다. 당시 퍼시 셸리Percy Bysshe Shelley는 24세의 유부남, 메리 고드윈Mary Wollstonecraft Godwin은 19세의 싱글이었습니다. 불륜 관계였죠. 이들은 남들의 시선을 피할 수 있는 스위스로 도피 여행을 떠났고, 6월엔 제네바 인근에서 낭만파 시인으로 이름을 날리던 조지 고든 바이런George Gordon Byron과 합류했습니다.

3장 위기를 돌파하는 힘

앞서 말했듯, 1816년의 여름은 날씨가 괴팍했습니다. 음산할 정도로 낮은 기온이 지속됐고 종일 비가 내려 해를 볼 수 없는 날이 며칠씩 이어지기도 했습니다. 또 시도 때도 없이 천둥과 번개를 동반한 폭풍우가 몰아쳐 여름이라고 하기에는 가혹한 날씨였죠.

그녀는 의붓자매 패니 임레이에게 다음과 같은 편지를 썼습니다. "불행하게도 우리는 이 나라에 처음 도착했을 때 우리를 환영했던 그 눈부신 하늘을 즐기지 못해요. 거의 끊임없는 비가 주로 우리를 가두고 있어요…. 뇌우는 내가 이전에 본 것보다 더 웅장하고 끔찍해요. 칠흑 같은 암흑이 이어졌고 어둠 속에서 머리 위로 천둥소리가 무시무시하게 터져 나왔어요."

프랑켄슈타인이 태어난 밤

우중충한 날이 이어지는 가운데, 이들은 분위기를 바꿀 겸 6월 18일 파티를 열었습니다. 그리고 이날 밤 퍼시, 바이런, 메리 그리고 메리의 여동생 클레어, 바이런의 친구인 의사 존 폴리도리John William Polidori는 흥미로운 '게임'을 벌였습니다. 폭풍우와 변덕스러운 날씨로 지루한 시간을 날려버릴 기괴하고 섬뜩한 기담을 하나씩 만들어보기로 한 것이죠.

이날 분위기에 빠져든 메리는 폭풍우가 치는 밤, 한 과학자가 전기의 힘으로 시체를 되살려 괴물을 만들어낸다는 이야기를 내놓았고, 폴리도리는 사람의 피를 흡입하는 흡혈귀에 대해 말했습니다.

제네바 인근의 별장 '빌라 디오다티'에서 벌어진 기괴한 밤은 오랫동안 문학사가들의 흥미와 상상력을 자극했습니다. 혹자는 이들이 어울려 마약에 빠져들었다고도 했고, 성적 쾌락에 탐닉했다고도 추정했습니다. 하지만 그 여부는 그다지 중요한 것 같지는 않습니다. 그보다 훨씬 중요한 사실이 있기 때문입니다. 바로 '프랑켄슈타인'과 '드라큘라'가 탄생한 밤이라는 것이죠.

메리의 이야기에 흥미를 느낀 바이런과 퍼시 셸리는 그녀에게 소설을 써보라고 권했습니다. 그리고 2년 뒤인 1818년《프랑켄슈타인》이 세상에 나왔습니다. 다만 당시에 여성이 진지한 소설을 쓴다는 것이 받아들여지기 어려웠기에 익명으로 내놓게 됐습니다. 폴리도리 역시 1819년 흡혈귀가 등장하는 최초의 소설《뱀파이어》를 출간했습니다. 그리고 메리 고드윈은 퍼시 셸리와 정식으로 결혼해 이후 메리 셸리로 불리게 됩니다.

지구 평균 기온 0.7°C 낮아져

훗날 연구에 따르면 터너와 셸리 커플이 1816년 끔찍한 여름을 보냈던 데는 이유가 있었습니다. 이 해는 지구 평균 기온이 0.4~0.7°C가량 낮아지는 심각한 기후 이상이 일어났습니다. 특히 유럽의 1816년 여름은 1766~2000년 사이 가장 추운 여름으로 기록됐습니다. 그래서 1816년은 유럽 역사에서 '여름이

3장 위기를 돌파하는 힘

사라진 해Year without a summer'라고 불리게 됩니다.

유럽 곳곳에서 이상 저온, 폭풍우, 장마, 홍수 등을 겪었습니다. 연초부터 계속된 저온 현상은 농사에 치명적인 타격을 주었고 곡물 가격이 급등하여 대규모 기근을 초래했습니다.

그해 5월 영국 이스트 앵글리아 지방에서는 '빵이 아니면 죽음을Bread or Blood'이라고 적힌 깃발을 든 노동자들이 봉기를 일으켰고, 독일 여러 도시에서도 비슷한 민란이 일어났습니다. 프랑스도 계속된 장마로 곡물이 썩어버리는가 하면 와인 생산은 수백 년 만에 최저치를 기록했습니다.

메리 셸리 일행이 여름을 보낸 스위스도 곡물 가격이 3배 이상 치솟아 굶주린 군중들이 빵 가게를 약탈하는 일이 빈번하게 벌어졌습니다. 스위스의 주민들은 "죽은 동물의 가죽, 가축 사료, 쐐기풀잎, 멧돼지 같은 가장 역겹고 기괴한 음식들"로 기근을 버텨야 했는데, 이들을 목격한 퍼시 셸리와 바이런은 "아이들은 모두 병에 걸린 것 같았다. 대부분 등이 굽고 목이 부어 있었다"라고 당시 상황을 묘사했습니다. 이런 충격적인 모습은 《프랑켄슈타인》에 등장하는 괴물의 형상에도 반영됐던 것으로 보여집니다.[35]

탐보라, 유럽을 바꾸다

당시 사람들은 왜 이렇게 '서늘한' 여름을 보내야 했는지 알 수 없었습니다. 그저 어쩌다 찾아온 재앙 정도로 여겼을 뿐이죠. 하지만 현대 들어서면서 기후학자들은 터너와 메리 셸리

화산 폭발 속에서 피어난 예술 – 프랑켄슈타인

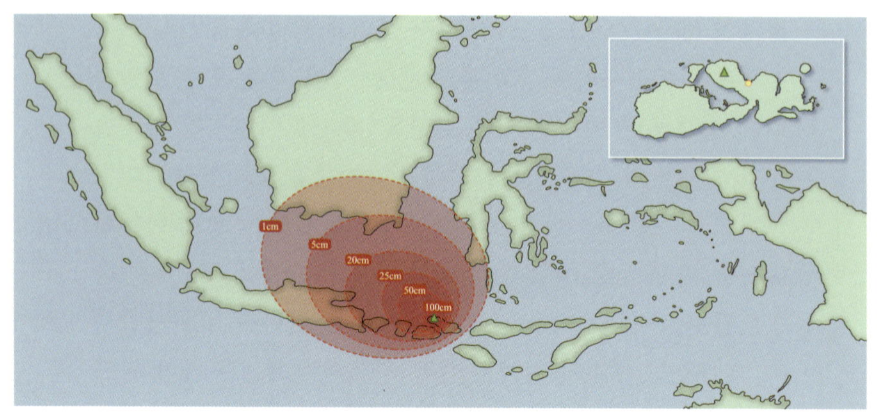

1815년 탐보라 산이 폭발하여 영향을 미친 범위와 화산재 두께

의 여름을 방해한 범인을 찾아냈습니다. 지구 반대편 인도네시아 숨바와섬Pulau Sumbawa에 있는 탐보라Tambora 화산이었습니다.

1815년 탐보라 화산이 엄청난 규모로 폭발하면서 산 정상의 1,600m 높이 부분이 통째로 날아갔고, 이때 발생한 화산 분출물과 가스는 상공 44km까지 치솟으면서 성층권에 도달해 지구에 들어오는 햇빛을 차단하는 우산이 되어버렸습니다.

학자들에 따르면, 이때 화산 분출물이 만든 에어로졸은 무려 50km³에 달했는데, 20세기 최대로 꼽히는 1991년 필리핀 피나투보 화산 폭발에서 만들어진 규모의 6배에 해당하며, 이때 발생한 '우산'은 지구 상공을 서서히 이동하면서 3년가량 지구를 이상 저온에 시달리게 만들었습니다.

1815년 탐보라 폭발은 1만 2000년 이래 최대 규모의 화

산 폭발로 알려져 있으며, 탐보라에는 이때 충격으로 만들어
진 지름 6km 규모의 칼데라호가 남아 있습니다.

영국 주간지는 "만약 외계인들이 1815년 지구를 관찰했
다면 워털루 전쟁에서의 대포 발사나, 빈 회의 같은 것은 눈치
채지도 못했을 것이다. 지금은 이 사건들이 거대하게 느껴지
겠지만, 당시 외계인들은 망원경에 보이는 행성(지구)에서 (화
산 에어로졸의 영향으로) 더 많은 햇빛을 반사한다는 사실만 보
았을 것"이라면서 탐보라 폭발의 위력을 설명하기도 했습니
다.[36]

'빛의 화가'의 탄생

메리 셸리는《프랑켄슈타인》1831년 판 서문에서 1816년 여
름을 "습하고, 불쾌한 여름"이었다고 소개했습니다. "천둥이
내 머리 위로 엄청난 굉음과 함께 터져 나왔지만 아랑곳하지
않았다. 우레가 살레브, 쥐라, 그리고 사부아의 알프스 산맥에
메아리쳤다. 강렬한 번개 섬광에 눈이 부셨다. 훤히 밝히는 번
개 불빛에 호수의 수면은 광활한 불바다가 되었다"와 같은 문
장에 그녀가 스위스에서 보낸 시간이 녹아 있습니다.

하지만 탐보라가 만든 유럽의 이상한 여름은 메리 셸리
에게 결과적으로는 큰 선물을 안겼습니다. 또한, 터너에게도
터닝 포인트가 됐습니다. 앞에 설명했듯이 탐보라 화산이 뿜
어 올린 엄청난 양의 화산재와 황산염 에어로졸은 대기 중에
서 태양광의 푸른빛을 차단하고, 붉은빛을 산란시키면서 유

223

<호수 위로 지는 해Sun Setting over a Lake>

럽 하늘에 전례 없이 붉고 강렬한 노을을 만들어냈습니다. 실제로 2014년 그리스 아테네 아카데미의 크리스토스 제레포스 교수 연구팀은 지난 500년간의 풍경화 수백 점을 분석한 결과 화산 폭발 직후 그려진 그림일수록 노을을 묘사할 때, 적색/녹색(R/G) 비율이 급격히 높아지는 경향을 발견했다고 설명했습니다.[37] 즉, 녹색은 줄어들고 적색이 늘어난 것인데 이것은 역시 에어로졸의 영향입니다.

또한 이때 에어로졸은 건조한 안개Dry Fog를 만들어냈던 것으로도 유명한데, 안개 덕분에 사람들은 대낮에도 태양을 맨눈으로도 똑바로 볼 수 있었다고 합니다.

이를 통해 터너는 대기 중 미세 입자로 빛이 번지고 윤곽이 흐릿해지는 몽환적이고 추상적인 색채의 독특한 화풍을 완성시켰고, 이후 '빛의 화가The Painter of Light'라는 칭호를 얻게 됐습니다.

터너는 죽기 전 자신의 작업실에 있던 유화 300여 점과 스케치 3만여 점을 국가에 기증했는데, "국민이 그림들을 무료로 볼 수 있게 해달라"는 유언을 남겼습니다. 덕분에 저와 같은 사람도 그 혜택을 누려 이렇게 글을 쓰게 됐으니 그저 감사할 따름입니다.

화산 폭발 속에서 피어난 예술 – 프랑켄슈타인

나폴레옹을 후퇴시킨 동장군

 탐보라가 폭발했던 1815년, 나폴레옹은 워털루 전투에서 영국 웰링턴 공작이 이끄는 6만 8,000명의 연합군을 상대로 고전하다가 치명적 패배를 당했습니다.

애국심이 강했던 터너는 워털루 전투가 끝나고 2년 뒤인 1817년 그토록 원하던 유럽행을 실현했고, 이 역사적 현장을 직접 방문해 〈워털루의 들판The Field of Waterloo〉'이라는 걸작을 남깁니다. 어두운 전장에 쓰러진 병사들을 통해 전쟁의 비극을 강조한 작품입니다.

이보다 3년 전 나폴레옹은 러시아 원정을 감행했다가 궤

워털루의 들판

멸적인 실패를 겪은 적이 있었습니다. 길어진 보급선 때문에 식량 공급이 어려워진 프랑스군은 모스크바를 약탈하며 근근이 버텼지만, 결국 모스크바마저 약탈이 불가능해지자 나폴레옹이 선택할 수 있는 것은 철수 명령뿐이었습니다.

그리고 흑독한 겨울이 프랑스군을 괴롭혔습니다. 제대로 먹지 못한 프랑스군은 정작 전투보다 퇴각 과정에서 더 많은 수가 희생됐습니다. 나폴레옹이 데려간 61만 명의 대군 중 무사히 돌아온 것은 10분의 1인 6만 명도 채 되지 않았고, 승승장구하던 나폴레옹의 신화는 러시아의 추위 앞에서 무너져 내렸습니다. 그래서 러시아의 추위는 '동장군冬將軍'이라고 불리게 됐습니다. 러시아의 대문호 톨스토이의 《전쟁과 평화》에도 당시 나폴레옹 군대가 겪었던 참사가 생생하게 묘사되어 있습니다.

그런데 전략의 천재라고 불렸던 나폴레옹이 러시아로 원정을 떠나면서 '추위'라는 변수를 감안하지 않았을까요? 물론 전격적인 수도 점령으로 겨울이 오기 전 전쟁을 종결짓겠다는 구상도 있었을 것입니다. 그렇더라도 동토로 떠나는 긴 원정길인데, 추위를 전혀 고려하지 않았다고 보기는 어렵습니다. 당시 나폴레옹과 프랑스 군대가 경험한 추위는 '이상 한파'에 가까웠습니다.

사실, 1810년대의 기후를 요동치게 만든 것은 탐보라뿐이 아니었습니다. 최근 연구에 따르면 탐보라에 앞서 1809년 동남아시아로 추정되는 미지의 화산, 1812년 카리브해 세인트빈센트섬의 수프리에르 화산, 1813년 일본 류큐 제도의 스와노세지마 화산, 1814년 필리핀의 마욘 화산 등이 연쇄적으로 폭발했다고 합니다.[38] 7년 동안 지구 곳곳에서 다섯 차례나 화산이 폭발하면서 전반적인 기온이 하락한 것이죠. 화산 폭발은 기온 저하, 홍수와 장마, 이른 서리, 추운 겨울 등을 동반하게 됩니다.

조선에서는 1812년 1월 평안도에서 흉흉한 민심을 등에 업고 홍경래의 난이 일어나기도 했는데, 1809년의 화산 폭발로 이상 기후가 일어나면서 농작물 등에 악영향을 끼친 게 민심 악화의 원인 중 하나로 추정하기도 합니다.

자원 고갈과 기후 압박이 낳은 에너지 혁명

모비 딕

일본에서 가장 존경하는 정치인이 누구인지를 묻는 조사를 벌일 때마다 1위에 오르는 인물은 사카모토 료마입니다. 시골 하급 무사에 불과했던 그는 막부 체제를 타도하고 '메이지유신明治維新'을 태동시키는 데 결정적인 역할을 했다는 평가를 받습니다.

한국에서도 널리 읽힌 시바 료타로의 소설《료마가 간다》에는 젊은 시절 료마가 일본이 벌벌 떠는 흑선이 어떻게 생겼는지 구경하러 가자며 지인에게 청하는 장면이 나옵니다.

당시 일본인들이 '흑선회권黑船絵卷'에 남긴 그림을 보면 일본인들이 얼마나 큰 공포를 느꼈는지 알 수 있습니다. 배의 선수에는 험상궂은 사람의 얼굴이 그려져 있고, 선미는 마치 거대한 동물의 얼굴처럼 보입니다. 일본인들이 느꼈던 심리적 공포가 반영된 결과입니다. 또, 페리 선장의 얼굴은 마치 도깨비처럼 그려져 있습니다.

료마는 한때 양이洋夷 토벌을 외치던 젊은 협객이었습니다. 그런 그를 바꾼 것이 바로 흑선이었습니다. 미국에서 페리 제

흑선회권

독이 끌고 온 함대를 목도한 순간 그는 일본과 서양의 아득한
국력 차이를 깨닫고 쇄국에서 개항으로 노선을 바꾸게 됩니
다. 그리고 동지들을 설득하고 규합해 200년 도쿠가와 막부
정권을 뒤엎고 쇄국 체제에 종지부를 찍는 데 이름 석 자를
남겼습니다.

　　이처럼 일본에 엄청난 '나비 효과'를 몰고 온 페리의 흑선
이었지만, 사실 이들의 방일訪日 목적은 생각보다 단순했습니
다. 일본과의 무역? 미일 동맹 체결? 미국이 진짜 중요하게 여
긴 것은 따로 있었습니다. 힌트는 허먼 멜빌의 소설 《모비 딕》
에 있습니다.

19세기 미국을 먹여 살린 포경업

"배에 몸을 싣고 전쟁터로 나가는 우리 미국의 1만 8,000명의 사나이들을 생각해보라. 그들이 매년 700만 달러가 넘는 수익을 거두어 돌아오는 것은 또 어떠한가. 지금 이 순간에도 이 위대한 국가의 700척이 넘는 선박들은 바다 위에 떠서 포경업에 종사하고 있다. 단언컨대, 지난 60년 동안 이 넓은 세계에서 포경업만큼 고상하고 강력하며, 그토록 거대한 잠재적 생산력을 지닌 기업은 단 하나도 없었다."

허먼 멜빌이 쓴 《모비 딕》에서 주인공 이슈메일이 자신의 직업에 대해 자부심을 드러내는 대목입니다. 미국은 현재 전 세계 주요 산업을 주도하는 초강대국입니다. 하지만, 200~300년 전만 해도 영국·독일 등에 비하면 산업화에 한참 뒤쳐진 후발 주자에 불과했습니다. 이때의 미국이 기댈 수 있는 산업이라고는 면화나 포경捕鯨 같은 농·수산업 정도였죠. 포경업은 변변한 산업이나 일자리가 부족했던 미국에서 자본과 노동력을 빨아들이는 가장 강력한 산업이었습니다.

포경업이 시작된 곳은 미국 북동부의 대서양 연안입니다. 세계 경제의 중심지인 뉴욕 맨해튼도 이때는 고래 사냥에 나선 뱃사람들이 모이는 작은 항구에 불과했습니다. 하지만, 19세기 중반 포경업은 미국 산업 규모에서 5번째였고, 종사자만 7만 명에 달하는 거대 산업이었습니다. 낸터킷Nantucket과 함께 포경업의 중심지였던 뉴베드퍼드New Bedford는 1830년

자원 고갈과 기후 압박이 낳은 에너지 혁명 – 모비 딕

3,000명에 불과했던 인구가 20년 뒤엔 2만 명으로 성장했는데, 이중 포경선 선원이 1만 명이었을 정도였습니다.

포경업이 이처럼 성장할 수 있었던 것은 지금으로 치면 석유 산업과 비슷한 위치에 있었기 때문입니다. 고래기름은 가정과 거리를 밝히는 램프의 연료로 쓰였을 뿐 아니라 양초, 비누 등 산업적 용도로 다양하게 사용되고 있었습니다. 특히 산업 혁명이 시작되면서 증기 기관과 대규모 방직 기계들의 마찰을 줄여줄 윤활유에 대한 수요가 급증했는데, 여기엔 향유고래의 머리 부분에서 나오는 경랍유Spermaceti가 안성맞춤이었습니다. 고온에서도 안정적이고 점도가 일정하기 때문에 대체 불가능한 자원이었습니다.

그러니 《모비 딕》에서 이슈메일이 "세상이 우리 고래잡이들을 비웃고 업신여길지라도, 그들은 자기도 모르는 사이에 우리에게 경의를 표하고 있다. 전 세계에서 타오르는 모든 촛불과 등불, 그리고 양초들이 마치 수많은 신전 앞에 바쳐진 불꽃처럼, 우리의 영광을 위해 타오르고 있기 때문이다"라고 자부심을 드러낸 것도 단순한 허세는 아닙니다. 고래기름이 없다면 세계의 산업이 멈출 수밖에 없었으니 말이죠. 여기에 더해 고래뼈는 열처리를 통해 모양을 변형할 수 있어 오늘날의 플라스틱처럼 활용됐습니다. 앞에서 '석유'라고 콕 집은 이유가 바로 이런 까닭입니다. 또한, 고래의 배에서 나오는 용연향은 고급 향수 원료로 사용됐는데 같은 무게의 금보다 비싸게 팔렸습니다. 그러니 대서양과 태평양으로 나갈 수 있었던 미국이 이 황금 산업에 뛰어들지 않을 이유가 없었던 것이죠.

3장 위기를 돌파하는 힘

미국 독립 전쟁 때도 세계 최강이던 영국 해군은 미국 포경선을 집중 공격했는데 미국의 '돈줄'을 묶기 위해서였습니다. 사실 영국도 미국 못지않게 포경업을 중요하게 다뤘습니다. 단적인 예가 자국 포경업의 보호를 위해 대규모 보조금을 지급하고, 다른 나라 고래기름에는 관세를 매겼다는 사실입니다. 그래서 경제학자 애덤 스미스는 《국부론》에서 "특정 산업에 억지로 보조금을 주는 것은 자원의 비효율적인 배분이며, 소비자가 더 비싼 가격에 기름을 쓰게 만드는 결과를 초래한다"며 보조금 정책을 강력하게 비판하기도 했습니다. 영국 정부가 포경업 활성화를 위해 일단 포경선을 띄우기만 해도 보조금을 줬기 때문입니다. 얼마나 많은 '유령 포경선'이 나왔을지는 짐작하기 어렵지 않습니다.

영국이 이렇게까지 포경업을 지키려 했던 것은 포경업 자체 산업도 중요했지만, 이를 통해 조선업을 활성화하고, 숙련된 해군 병사를 양성할 수 있었기 때문입니다. 그러니 영국에서 포경업은 방위 산업의 일부나 다름없었습니다.

고래를 찾아 동해까지

하지만 대규모의 남획은 필연적으로 고갈을 초래할 수밖에 없습니다. 대서양에서 고래의 씨가 마르자 이들은 태평양으로 눈을 돌리게 됩니다. 처음에는 남아프리카 희망봉을 경유해 인도양을 거쳐 태평양으로 가는 방식을 택했습니다. 당시 항해술로는 망망대해가 펼쳐진 태평양에 직접 들어가는 것이

자원 고갈과 기후 압박이 낳은 에너지 혁명 – 모비 딕

위험했던 것이죠. 1791년 처음 태평양으로 갔던 포경선 7척이 이런 방식을 택해서 낸터킷과 뉴베드퍼드로 돌아왔습니다. 지도에서 그어보면 알겠지만, 지구의 3분의 2 정도를 돌아가는 굉장히 먼 바닷길입니다.

그래서 항해술이 발달한 뒤로는 남아메리카의 케이프 혼 Cape Horn을 돌아 남태평양으로 갑니다. 거리는 대폭 줄었고, 본격적인 원양 항해에 걸맞게 포경선의 크기도 대폭 확대됩니다. 이전에는 30톤 정도였는데 이제는 10배가량 커진 300톤 규모가 됐고, 4척 정도의 포경용 보트를 탑재했습니다.

18세기 후반 태평양으로 진출한 미국의 포경선들은 고래를 찾아다니며 바다를 동서남북으로 헤집고 다니면서 탐험가나 해군을 대신해 지도에 없는 섬들을 발견했고 이것을 통해 새로운 항로를 개척했습니다.

포경선 덕분에 광대한 미지의 세계였던 태평양이 인류에게 그 모습을 온전히 드러내게 된 것입니다. 이들이 발견한 대표적인 섬들을 꼽자면 스타벅, 캐롤라인, 보스톡, 피지, 솔로몬 군도 등인데 아마도 커피를 좋아하는 사람이라면 눈에 번쩍 띄는 이름이 있을 것입니다. 바로 스타벅Starbuk입니다. 전 세계적으로 가장 인기 있는 커피 브랜드 중 하나인 스타벅스는《모비 딕》에 등장하는 선원 스타벅에서 따왔다고 하는데, 19세기 포경업의 고장인 낸터킷에는 스타벅이라는 성을 가진 사람들이 꽤 있었다고 합니다.

뉴베드퍼드나 낸터킷에서 출발한 포경선들이 다시 돌아오는 데는 보통 3~4년의 시간이 걸렸고, 그 사이에 포경선이 머무르면서 장비를 정비하고, 필요한 물품을 구할 수 있는 중간 어업기지의 필요성이 대두했습니다. 그렇게 해서 하와이의 호놀룰루Honolulu가 주목을 받게 됩니다. 포경선의 선원들은 항해 중 이곳에 들러 집으로 편지를 보내기도 하고, 그동안 항해에서 얻은 고래기름을 미국으로 운반선에 실어 보내기도 했습니다. 이렇게 매년 하와이에 정박하는 포경선만 해도 600척에 달했습니다.

미국으로서는 태평양의 한복판에 있는 이 섬을 확보하면, 태평양 전 지역으로 포경선을 보낼 수 있었으니, 반드시 확보하고 싶었겠죠. 그렇게 해서 하와이는 결국 미국의 50번째 주가 됩니다. 최근 미국이 덴마크령 그린란드를 탐내는 것이 떠오르는 대목입니다.

일본에 나타난 '흑선'

1819년 포경선 마고Margo가 처음으로 일본 근해에서 고래를 잡아 기름을 싣고 낸터킷으로 돌아왔습니다. 이것은 포경업의 새로운 막을 열게 됩니다. 고래를 찾아 태평양을 구석구석 찾아다니던 미국의 포경선이 태평양 서쪽 끝에 있는 동해까지 진출한 것이죠.

동해는 오래전부터 고래가 많이 발견되고 비교적 쉽게 잡을 수 있는 바다였습니다. 신석기 시대 새겨진 것으로 알려진 울산의 반구대 암각화에도 고래 사냥이 그려져 있었을 정도니까요. 그래서 《송사宋史》를 비롯한 많은 문헌에서 동해를

자원 고갈과 기후 압박이 낳은 에너지 혁명 – 모비 딕

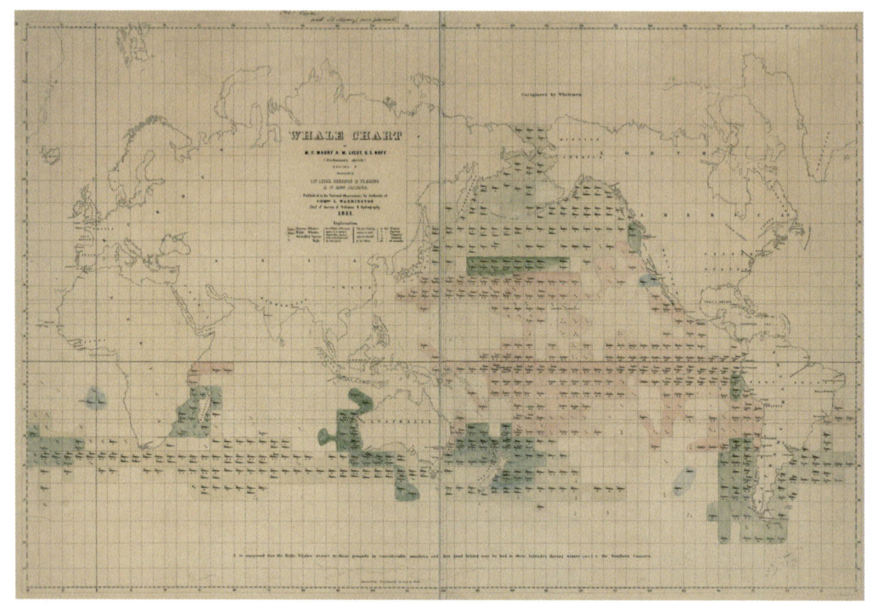

19세기 미국 해양학자 매튜 폰테인 모리가 제작한 포경 지도

고래의 바다를 의미하는 경해鯨海로 표기하기도 했습니다. 또, 조선에서 14년간 억류 생활을 했던 네덜란드인 하멜은 그의 저서 《하멜표류기》에 조선의 동북쪽 넓은 바다에서 네덜란드 작살이 박힌 고래가 드물지 않게 발견되었다고 적었습니다.

그러니 포경선들이 동해로 몰려드는 것은 시간 문제였을 뿐입니다. 특히 일본은 지리적으로 북서 태평양에서 포경 활동을 하던 배들이 긴급 사태가 닥쳤을 때 도움을 얻기에도 좋은 위치에 있었습니다. 하지만 일본은 강력한 쇄국 정책을 택하고 있었기 때문에 조난을 당한 미국 포경선원들이 혹여 일

3장 위기를 돌파하는 힘

본 땅에 닿아도 도움을 얻기 어려웠습니다. 미국 정부가 일본과 정식으로 국교 수립에 나서야겠다고 결정한 것도 이런 배경이었습니다.

1853년 '흑선'을 타고 온 페리 제독이 일본 조정에 전달한 밀라드 필모어 미 대통령의 서한에는 난파 선원들에 대한 보호 및 포경선의 보급(식량, 물, 석탄) 요구가 있었습니다. 이때 석탄이 강조됐던 것은 당시 배들이 바람을 이용하는 범선에서 석탄을 활용하는 증기선으로 전환되고 있었기 때문입니다.

그래서 1년 뒤 맺어진 '미일화친조약'은 시모다와 하코다테 항구의 개항과 보급에 방점이 찍혀 있었으며, 양국의 무역을 개시하는 '미일수호통상조약'은 이보다 4년 뒤인 1858년에 체결됐습니다. 즉, 미국이 일본에 바랐던 것은 시장 개방이 아니라 포경선 보급지로서의 역할이었던 것이죠. 사실 이보다 압도적인 시장(중국)이 바로 옆에 있었기 때문에 시장으로서의 일본은 큰 매력이 없었을 겁니다.

즉 개항이냐, 쇄국이냐를 놓고 일본을 큰 혼란 속에 몰아넣고, 막부의 몰락과 메이지유신을 촉발한 페리의 흑선 방문은 미국 포경선들의 안전한 항해를 위한 인프라 구축에 목적이 있었던 셈입니다.

미국의 포경선들이 이렇게 먼바다까지 대규모 선단을 몰고 갈 가치는 충분히 있었습니다. 당시 큰 북극고래 한 마리에서는 275배럴의 기름과 3,500파운드의 고래 뼈를 얻을 수 있었는데 그 가치는 약 5,000달러였다고 합니다. 당시 1달러는 현재의 40달러가량의 가치가 있었다고 하니, 지금의 20만 달

자원 고갈과 기후 압박이 낳은 에너지 혁명 – 모비 딕

러(한화 약 2억 6,000만 원) 정도 되는 셈이죠. 참고로 향유고래 한 마리는 약 3,500달러 정도, 참고래는 약 3,000달러 수준의 가치가 있었다고 합니다. 이렇게 해서 매년 미국에 들어오는 고래기름은 40만 배럴에 달했고, 이를 통해 매년 500만 달러가량의 수익을 올릴 수 있었습니다.

펜실베이니아의 기적

1859년 8월 27일, 미국 펜실베이니아주 타이터스빌Titusville에서 처음으로 유정 굴착이 성공합니다. 이는 석유의 대량 생산을 알리는 서막이었습니다. 석유에서 추출한 등유Kerosene는 고래기름의 강력한 경쟁자로 떠올랐습니다.

19세기 중반 스코틀랜드의 화학자 제임스 영이 석유를 정제하는 방법을 발견하면서 등유와 가스, 나프타 등을 생산할 수 있게 됐습니다. 고래기름이 없어도 석유를 이용해 등불이나 가로등을 밝힐 수 있게 됐고, 나프타에서 얻는 화합물은 플라스틱이나 합성 섬유의 원료가 됐습니다. 고래를 완벽하게 대체할 물질을 찾은 것이죠.

고래를 잡으러 몇 넌이나 목숨을 걸고 바다를 헤맬 필요가 없었기 때문에, 석유는 고래기름보다 인건비 측면에서 훨씬 저렴할 수 있었습니다. 1850년대 고래기름은 갤런당 1.3~2.5달러 수준이었으나 석유에서 추출한 석유는 60센트로 2~4배가량 저렴했습니다. 그 결과 1859년 약 2,000배럴 정도였던 미국의 석유 생산량은 1865년 50만 배럴까지 폭증했습

3장 위기를 돌파하는 힘

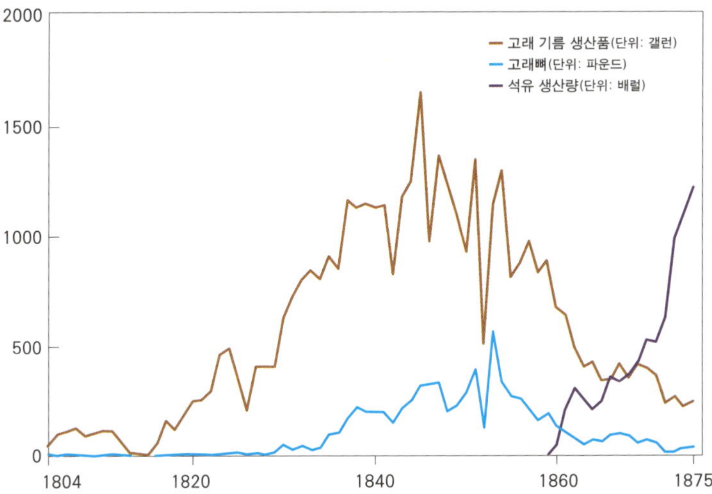

니다.

여기에 1850년대 미국 서부를 강타한 골드 러시Gold Rush 열풍으로 포경선을 타던 젊은이들은 금맥을 찾아 서부로 향했습니다. 낸터킷이나 뉴베드퍼드 같은 포경 도시들에 모여들었던 돈과 사람들은 썰물처럼 빠져나가기 시작했습니다.

석유가 가져온 온난화

독일의 카를 벤츠Carl Friedrich Benz가 1885년 자동차 내연기관을 발명하면서, '석유의 시대'가 본격화됩니다. 앞에서 조선은 온돌의 사용으로 민둥산을 떠안게 됐다고 했는데, 현대 인류

239

는 석유 등 화석 연료의 사용으로 지구 온난화라는 난제에 직면했습니다. 사실 인간의 산업 활동이 지구 온난화에 어느 정도 영향을 끼치는지는 아직 논쟁이 있긴 하지만, 많든 적든 온난화에 끼치는 영향 자체는 부정하기 어렵습니다.

화석 연료 덕분에 고래는 남획의 위기에서 한숨 돌릴 수 있게 됐지만, 인류는 생존에 대해 우려하기 시작했으니 아이러니랄까요.

현재 포경업은 미국을 비롯한 대부분 국가에서 금지되어 있습니다. 그리고 미국의 포경선 때문에 강제로 나라 문을 열었던 일본은 상업적 포경을 지속하면서 미국을 대신해 세계 최대 규모의 포경 국가로 자리매김했습니다. 이 또한 역사의 아이러니 같습니다.

포경선과 조선

❖ 조선에서도 서양 포경선의 존재를 일찌감치 인식하고 있었습니다. 그것은 "금년 여름, 가을 이래 이양선이 5도의 바다에 출몰하는데… 하선하여 급수하고, 혹은 고래를 잡아서 양식으로 삼는데 그 수를 거의 헤아리지 못한다"[39]라는 〈헌종실록〉의 기록에 잘 드러납니다.

1849년 미국 항해일지를 조사한 연구에 따르면 무려 130척의 미국 포경선이 동해에 고래를 잡으러 왔다고 합니다. 독도에 '리앙쿠르Liancourt'라는 이름을 붙인 것도 이때 동해를 찾은 프랑스 포경선 '리앙쿠르호'입니다. 이들은 동해 일대에서 25마리의 고래를 잡는 대박을 쳤습니다.

1850년대에는 관련 기록이 더 많아집니다. 1853년 1월 말 미국의 포경선이 부산 인근에 잠시 정박한 일도 있었습니다. 당시 그 배에 오른 두모포의 만호 정순민은 "배의 모양은 극히 사치스러웠고, 사람들의 두 발은 고슴도치 털 같았는데, 코가 높고 수염은 없었으며 신체에는 간혹 문신을 하고 있었습니다"라고 보고서를 올렸습니다. 또, "배에는 20여 세의 여성 1명을 포함, 43명이 타고 있었는데 우리(조선인 관원)들을 보고 꺼리는 기색이 없었으며, 즐거워하고 웃으며 영접해줬습니다. 다만 말을 알아듣지 못해 글을 써서 국호와 목적지를 물어

봤지만 역시 소용이 없었고, 그들에게 글을 써 달라고 하니 구름이나 그림 같은 것을 내보였는데 몽골어도 아니고 한글도 아니어서 전혀 알아볼 수 없었습니다. 다만, 그들의 선박과 몸을 가리키며 '며리계 里界'라고 말했습니다"라고 전했습니다.

'며리계'는 '아메리카'에서 악센트상 '메리카'가 강조되어 들린 탓이었겠죠. 마침, 배에 동승한 일본인이 있어 포경선이라는 것을 나중에 확인하게 됩니다. 이들은 조선 땅에 상륙해 머무르지 않고, 다시 떠났습니다.[40]

1855년 6월 26일엔 멜빌 켈시, 토마스 맥과이어, 데이비드 반즈, 에드워드 브레일리 등 네 명의 포경 선원 청년들이 조난을 당해 원산항 인근의 마을에서 구조되는 일이 벌어집니다. 모두 20대 전후의 젊은 청년들이었습니다.

훗날 미 정부의 조사에 따르면 이들은 '투 브라더스Two brothers'라는 배를 타고 동해에 왔는데, 선장인 존 차일드의 가혹한 처우에 견디지 못하고 탈출한 것으로 드러났습니다. 어쨌든 포경 선원들이 한 달이나 조선에 머물렀지만 자세한 기록이 거의 남아 있지 않은 것은 아쉽게 느껴집니다.

기후가 바꾼 삶의 터전과 정치 지형

그린 북

"장담하는데 당신, '딥사우스'라면 문제가 많을 겁니다."

1962년 미국 남부로 콘서트 투어를 하겠다는 흑인 피아니스트 돈 셜리에게 이탈리아계 백인 운전사 토니 발레롱가는 이렇게 말합니다. 영화 〈그린 북Green book〉의 한 장면입니다. 돈 셜리가 투어 지역으로 언급한 "켄터키, 테네시, 델타지역…" 등은 하나같이 인종 차별이 극심했던 '딥사우스Deep South'였기 때문이죠. 루이지애나·미시시피·앨라배마·조지아·사우스캐롤라이나·플로리다 등 '딥사우스'는 남북 전쟁(1861~1865) 당시 흑인 노예 해방을 추진한 에이브러햄 링컨 정부에 반기를 들고 '남부 연합'을 결성했던 역사가 있는 지역입니다. 전쟁은 북부의 승리로 끝났지만, 남부에서는 1960년대까지도 짐 크로법Jim Crow Laws으로 불리던 흑백 분리 정책이 시행되고 있었습니다. 흑인은 학교, 식당, 버스를 따로 이용해야 했습니다. 셜리 역시 자신을 초청한 호텔에서조차 허름한 야외 화장실을 사용하고, 식사도 식당 밖에서 하도록 강요 받았습니다.

어떻게 해서든 자신의 고용주 셜리의 무사 귀환을 책임

져야 했던 발레롱가는 이 어려운 미션을 위해 '그린 북'을 챙겨갑니다.

우편배달부가 만든 '지도'

'그린 북'은 미국 남부에서 흑인을 비롯한 유색 인종이 묵을 수 있는 숙소나 식당을 정리한 일종의 흑인 전용 가이드북입니다. 이를 펴낸 빅터 휴고 그린은 뉴욕의 한 우체부였습니다. 흑인이었던 그는 자신과 이웃들이 여행 중 차별을 넘어 생명까지 위협 받는 상황에 대처하기 위해 전국에 퍼져 있는 우체부 네트워크를 동원해 정보를 모았습니다. "그 동네에서 흑인이 안전하게 밥을 먹고, 잘 수 있는 곳이 어디야?" 매일 골목 구석구석을 누비는 우체부들의 정보야말로 각 지역에 대한 가장 정확하고 방대한 데이터베이스였던 것이죠. 1936년 나온 그린 북은 유색 인종들의 열렬한 호응을 얻었고, 그린은 1948년판 서문에 이렇게 적었습니다.

> "머지않아 이 가이드북이 더 이상 출판되지 않아도 되는 날이 올 것입니다. 당혹스러운 상황을 겪지 않고도 어디든 원하는 곳에 갈 수 있게 된다면, 그래서 이 책의 출판을 중단하게 된다면, 그날은 참으로 위대한 날이 될 것입니다."

이처럼 미국 남부는 사회적으로는 흑백 차별이 공고했고, 정치적으로는 민주당의 아성이었습니다. 민주당은 링컨에 대

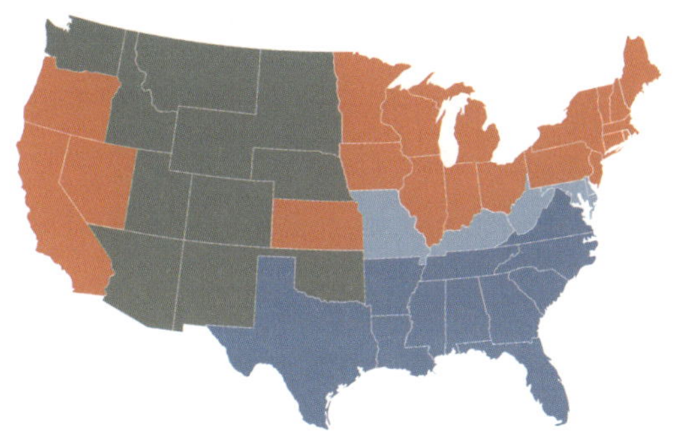

남북 전쟁 당시 공화당의 북군(빨간색)과 민주당의 남군(파란색)

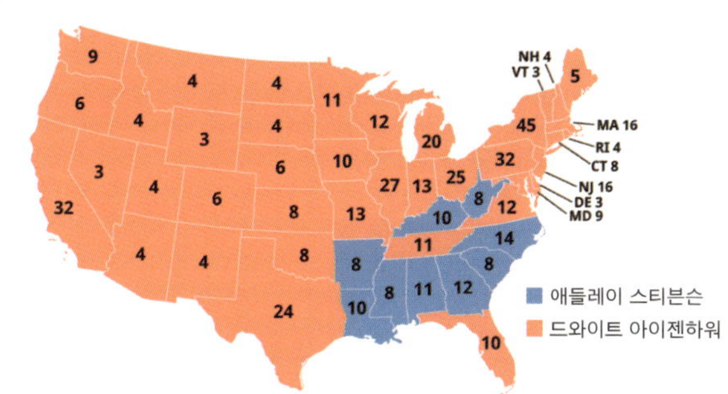

1952년 미국 대선 당시 공화당(빨간색)과 민주당(파란색) 승리지역
숫자는 각 주별 선거인단 규모

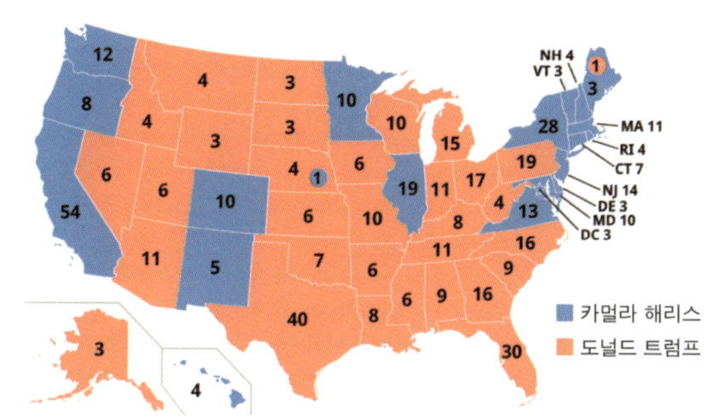

2024년 미국 대선 당시 공화당(빨간색)과 민주당(파란색) 승리지역

항해 남부 연합을 이끌었기 때문에, 남부는 남북 전쟁 이후 100여 년간 '묻지도 따지지도 않고 오로지 민주당'이었습니다. 1952년 대통령 선거는 이런 정치 지형을 잘 보여줍니다. 애초에 이 선거는 제2차 세계대전의 영웅이자 현직 대통령이었던 드와이트 아이젠하워(공화당)의 압승이 예상됐고, 실제 결과도 그랬습니다. 하지만 남부에서만큼은 민주당의 애들레이 스티븐슨이 승리한 지역이 많았습니다.

하지만 지금은 정반대입니다. 남부는 공화당을, 북부는 민주당을 열렬히 지지합니다. 2024년 대선에서도 도널드 트럼프 대통령(공화당)은 남부를 싹쓸이했고, 카멀라 해리스는 완패하는 와중에도 북부와 서부에서 몇 개의 주를 건졌습니다. 남북 전쟁 때의 정치 지형도가 180도 달라진 것이죠.

남북 전쟁과 남부의 쇠락

거대한 목화밭과 그곳에서 일하는 흑인 노예들. 오랫동안 미국 남부의 이미지는 영화 〈바람과 함께 사라지다〉 속 이미지가 거의 전부라고 해도 과언이 아니었습니다. 실제로 남부는 오랜 기간 플랜테이션 농업에 의존했습니다. 그리고 거대 농장을 기반으로 한 남부의 농업은 신생국가 미국의 경제를 떠받치고 있었습니다. 하지만 남북 전쟁의 패배로 남부는 큰 타격을 입게 됩니다.

흑인 노예가 해방되자 대농장은 노동력을 구하기 어려워졌고, 미국의 산업도 농업에서 제조업으로 넘어가고 있었습

3장 위기를 돌파하는 힘

니다. 그러는 동안 상공업이 발달한 북동부와 '골드러시'로 대박을 터뜨린 서부는 미국 경제를 견인하며 휘파람을 불었죠. 조지 워싱턴, 토머스 제퍼슨 등 건국 초기 대통령을 다수 배출하며 미국의 탄생을 이끌었다고 자부해왔던 남부로서는 상처를 입을 수밖에요.

무너진 자긍심과 황폐화된 농장, 말라든 돈줄… 영화 〈바람과 함께 사라지다〉에는 이러한 남부의 좌절이 잘 묘사되어 있습니다.

악몽 같던 19세기가 지나고 20세기가 찾아왔지만, 상황은 달라지지 않았습니다. 일자리가 필요한 젊은이들은 쇠락한 남부를 떠나 북부와 서부로 떠났습니다. 1900년부터 1970년까지 경제적으로 낙후된 미국 남부에서는 무려 2800만 명의 인구가 빠져나갔습니다. 여기엔 극심한 인종 차별을 피해 이주한 흑인 인구도 상당수 포함되어 있었습니다.

1950년대 텍사스부터 노스캐롤라이나까지 '선 벨트Sun Belt'라고 불리는 남부 12개 주의 인구는 모두 합쳐 3840만 명 정도였는데, 북부 공업지대 러스트 벨트Rust Belt에 속하는 15개 주 인구(9240만 명)의 절반에도 미치지 못하는 수치였습니다.

남부의 인구 유출에는 날씨도 빼놓을 수 없습니다. 무더운 기후에 말라리아와 황열병이 만연한 남부의 여름은 사람들을 끌어모으기 어려운 요인이었습니다. 개발은 더디고, 일자리도 없고, 날씨는 무덥고, 질병 많은 남부에서 매력을 찾기

기후가 바꾼 삶의 터전과 정치 지형 – 그린 북

어려웠겠죠.

에어컨이 가져온 반전

20세기 초, 엔지니어였던 윌리스 해빌랜드 캐리어Willis Haviland Carrier는 뉴욕의 인쇄 공장에서 습도를 잡으라는 과제를 받았습니다. 여름철 높은 습도 때문에 종이가 눅눅해지면서 인쇄가 엉망이 됐기 때문입니다. 공기 중 수분을 일정 수준으로 제어할 수 있다면 인쇄 품질도 올라갈 것으로 판단했던 캐리어의 생각은 맞아떨어졌습니다. 그리고 이 생각은 뉴욕의 인쇄소뿐 아니라 남부도 구원했습니다. 캐리어의 발상은 곧 '에어컨'의 발명과 보급으로 이어졌고, 견디기 어렵던 남부의 뜨거운 여름을 에어컨이라는 '마법사'로 통제할 수 있게 된 것이죠.

그러자 미국 북동부에 거주하던 은퇴한 노년층이나 보수적인 중산층 백인들이 따뜻한 겨울을 찾아 대거 플로리다나 텍사스 같은 지역으로 이동했습니다. 이렇게 사람들이 모여드는 가운데 텍사스 같은 주는 낮은 세금과 넓은 부지로 손짓하며 휴렛팩커드, 엑손모빌, AT&T, 테슬라 등 주요 기업들을 유치해 일자리를 마련하는 데도 성공했습니다.

그 결과 1950년 미국 총인구 28% 정도를 차지했던 선 벨트 지역의 인구는 2000년에 약 40%로 증가했고, 2030년에는 미국 인구의 55%까지 차지하게 될 것이라는 추정이 나오고 있습니다.

인종 차별을 피한 남부의 흑인들은 북부로, 따뜻한 날씨와 일자리를 찾는 북부의 백인들은 남부로 이동하면서 남부는 백인 비율이 치솟았고, 그러면서 점점 백인 우위의 공화당 성향으로 바뀌어 갔습니다.[41]

갈수록 위력을 더하는 남부의 보수 움직임

'케리 후보의 패배는 에어컨 때문Blame airconditioning for Kerry lose.'

2004년 미국 대통령 선거 후, 제임스 와일리 호프스트라대 교수가 한 언론에 기고한 칼럼 제목입니다. 공화당 후보인 조지 W. 부시가 민주당 후보 존 케리를 상대로 대승을 거둔 데는 에어컨도 기여했다는 것이죠. 그는 2000년과 2004년 대선에서 '승부처'로 꼽혔던 플로리다를 예로 들었습니다.

플로리다는 2000·2004년 대선의 최대 승부처였습니다. 이곳은 남북 전쟁 이래 오랫동안 민주당이 우세였는데, 에어컨 덕분에 북부에서 온 은퇴자의 '천국'이 되었고, 보수적인 노년층 유권자가 급증하여 공화당 우위 지역으로 바뀌었다는 것이죠.

플로리다는 선거인단이 30명으로 미국 대선에서는 매우 중요한 곳입니다. 미국 대선은 각 주에서 승리한 후보가 선거인단을 독식하는데, 50개 주 선거인단 538명 중 과반수가 되는 270명을 먼저 확보하는 쪽이 승리하는 간접 선거 시스템입니다.

기후가 바꾼 삶의 터전과 정치 지형 – 그린 북

여기서 주목할 점은 1승이 똑같은 1승이 아니라는 것입니다. 각 주의 선거인단 수가 인구 규모에 따라 다르기 때문인데, 예를 들어 인구가 4000만 명에 육박한 캘리포니아는 무려 55명의 선거인단을 갖지만, 100만 명에 불과한 델라웨어 같은 작은 주는 단 3명뿐입니다. 그러니, 똑같이 1개 주에서 승리하더라도 캘리포니아에서 이기면 55명을 확보하지만, 델라웨어는 3명을 확보할 뿐입니다.

그런데 에어컨의 보급이 선거의 지형을 바꾸기 시작합니다. 남부의 인구가 늘어나면서 선거인단에도 변화가 일어난 것이죠. 예를 들어 공화당 성향이 강한 남부 텍사스주는 1960년 대선에서 선거인단 수가 24명이었습니다. 하지만 60년 뒤인 2020년 대선에서 40명으로 늘어났습니다. 반면, 민주당 지지 성향이 강한 북동부 뉴욕주는 1952년 대선 선거인단은 45명이었지만, 2020년엔 24명으로 감소했습니다. 지금으로서는 지구 온난화가 남부와 공화당에 유리하게 작용하고 있는 것 같습니다.

3장 위기를 돌파하는 힘

민주당과 공화당의 지도 바꾸기

❖ 영화 〈올 더 웨이All the way〉는 남부와 북부의 정치적 반전이 어떻게 벌어졌는지를 잘 보여줍니다. 1963년 존 F. 케네디 대통령이 암살되자, 이를 승계한 존슨은 대통령 취임 연설에서 케네디의 유지를 이어 인종 차별 반대 법안을 추진하겠다고 선언합니다. 화들짝 놀란 것은 그의 '정치적 대부' 리처드 러셀 상원의원입니다.

"어젯밤에는 좀 놀랐네. 대선을 앞두고 민권법을 추진하다니, 100년간 민주당이 남부를 꽉 쥐고 있었어. 그걸 날리는 것은 어리석은 짓이야." 존슨 대통령이 정치 초년병이던 시절부터 애지중지 아끼며 후원했던 러셀은 그를 따로 만나 경고합니다. 민주당으로서는 '텃밭'을 태우는 행위나 다름없었으니까요.

하지만 존슨 대통령은 1964년 민권법The Civil Rights Act, 1965년 투표권법Voting Rights Act을 연이어 통과시켰고, 공화당은 이 틈을 파고들었습니다.

1968년 대통령 선거에 나선 리처드 닉슨은 이른바 '남부 전략Southern Strategy'을 앞세워 남부의 보수적 백인들을 공략했습니다.[42] 그리고 이후 공화당과 민주당의 표밭은 완전히 역전되어 버립니다. 공화당이 우세했던 북부는 민주당으로, 민주당이 우세했던 남부는 공화당으로 바뀐 것이죠. 한국에 빗

대자면, 호남의 국민의힘, 영남의 더불어민주당이 된 셈이랄까요.

존슨 대통령이 민권법을 추진할 당시 당연히 민주당 내부, 특히 남부 보수파들은 격렬히 반발했습니다. 특히 상원을 장악했던 이들은 60여 일간 필리버스터까지 감행하며 법안을 저지하려 했습니다. 이런 가운데에도 존슨이 민권법을 강행했던 데는 나름의 이유가 있었습니다.

하나는 북부를 지역구로 둔 민주당 내 진보 성향 의원들의 압박입니다. 지금도 그렇지만, 그때도 북부의 인구가 더 많았습니다. 또한, 남부와 달리 흑인들이 투표를 할 수 있었고요. 재선을 노리는 존슨 대통령으로서는 북부와 흑인표를 많이 확보해야 대선에서 승리할 수 있다고 판단했습니다. 그러니 만약 지금처럼 남부 인구가 많아졌다면, 민권법을 추진하기 만만치 않았을 거라는 생각도 듭니다.

또 다른 하나는 존슨 대통령이 17대 앤드루 존슨 대통령 이후 100년 만에 탄생한 남부(텍사스) 출신 대통령이었다는 점입니다.[43] 당연히 남부에서는 그에게 큰 기대를 걸었습니다. 그런데도 그가 민권법에 집착한 것을 두고, 남북 모두에서 인정받는 '위대한 정치인'의 면모를 갖추고 싶었기 때문이라는 해석이 있습니다. 존슨은 정치력을 발휘해 여당 내 반대에도 불구하고 민권법을 통과시켰습니다.

〈그린 북〉의 저자 그린은 그가 그토록 고대하던 '위대한 날'을 만끽하지는 못했습니다. 민권법이 통과되기 4년 전인 1960년 세상을 떠났기 때문입니다. 유족들은 투표권법이 통과된 이듬해(1966년) 그린 북의 출간을 중단했습니다. 누구보다도 저자가 바랐던 절판이었습니다.

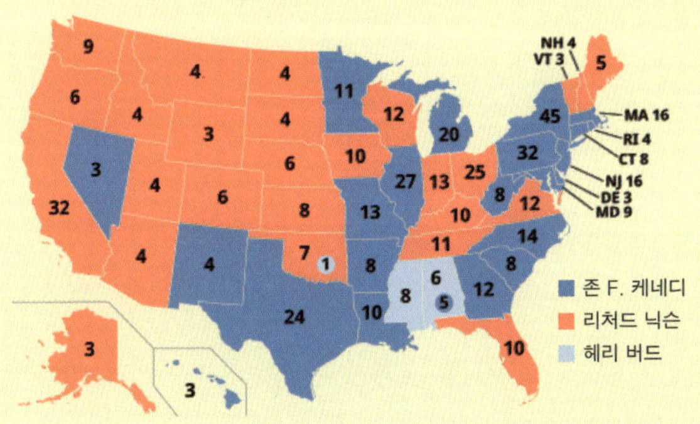

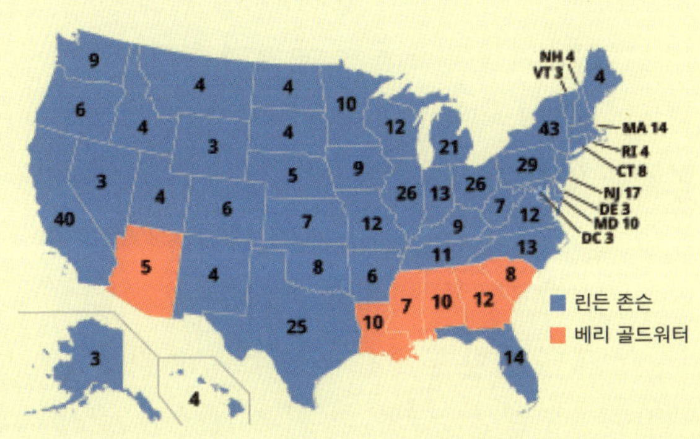

1960년과 1964년 대선 민주당(파랑색)과 공화당(빨강색) 승리 지역

극한 기후 속 인류의 기록과 미래

설국열차

세계 주요국이 냉각제 'CW-7'을 대기 중으로 살포한다는 결의안을 발표하는 뉴스로 막을 엽니다. 살포된 CW-7으로 인해 기온 관리가 효율적으로 가능해져 지구의 온도가 적정 수준으로 돌아갈 것이라는 환호도 잠시, 17년 후 지구는 말 그대로 '설국雪國'이 되어 있습니다. 뜨겁게 달아오른 지구의 온도를 낮추기 위해 뿌렸던 냉각제가 지구를 눈과 얼음의 땅으로 만든 것이죠. 지상의 모든 것이 얼어붙은 지구에서 유일한 대안은 완전한 자급자족 시스템을 갖춘 열차입니다. 살아남은 사람들은 인간이 유일하게 생존할 수 있는 무한동력의 열차에 몸을 싣고 기약 없이 떠돌게 됩니다. 봉준호 감독의 5번째 장편 영화 〈설국열차〉의 이야기입니다.

영화에 대한 감상은 미뤄두고, 여기서 등장한 기후를 생각해볼까요. 〈설국열차〉의 기후 재난은 왜 벌어진 것일까요. 영화에서 세계 주요국이 성층권에 CW-7을 살포한 이유는 이를 통해 태양복사에너지에 대한 반사율을 높여, 지구의 대기온도를 낮출 수 있다고 판단했기 때문입니다. 여기까지는 그럴듯했지만, 문제는 CW-7가 태양복사에너지의 유입 자체를

3장 위기를 돌파하는 힘

극단적으로 차단할 수도 있다는 것을 예상하지 못했던 것이죠. 그 결과 성층권은 냉각됐고 지구 지표면과 바다까지 얼어붙는 극단적인 기후로 바뀌어 버리고 말았습니다.

물론 어디까지나 상상 속 이야기입니다만, 그렇다고 아주 터무니없는 전개도 아닙니다. 지구에 남아 있는 고古기후의 데이터들은 아주 오래전 인류도 이와 비슷한 일을 겪었을 가능성이 높다고 말해주고 있습니다.

동굴 벽화로 보는 극단적 기후

1994년 12월 18일, 크리스마스를 일주일 앞두고 프랑스 남부 아르데슈의 깎아지른 석회암 절벽 속 동굴에서 300여 점에 달하는 순록·사자·코뿔소·곰·말 등의 움직임을 생생하게 포착한 그림이 발견됐습니다. 분석 결과 이 그림들은 3만 5000여 년 전, 목탄, 적철석, 황토 등을 이용해 그렸던 것으로 확인됐습니다. 오리냐시안Aurignacian 시기라고 불리는 기원전 4만 1000년에서 기원전 2만 4000년 사이의 기간입니다. 학자들은 이 벽화가 누군가에 의해 한 번에 그려진 것이 아니라 꽤 오랜 시기에 걸쳐 여러 사람에 의해 그려졌다는 결론을 내렸습니다.

그리고 깊이 7m, 높이 70m에 달하는 이 동굴은 발견자 장 마리 쇼베의 이름을 따서 쇼베 동굴Chauvet Cave이라고 불리게 됐습니다.

이후 프랑스 쇼베뿐 아니라, 스페인 북부 알체리와 엘 카

극한 기후 속 인류의 기록과 미래 – 설국열차

쇼베 동굴

스티요, 프랑스 아브리 카스타네, 이탈리아
푸마네 등 유럽 곳곳에서 4만 1000년~3만
4000년 전 사이 그려진 동굴 벽화들이 연달
아 발견됐습니다. 쇼베 동굴 벽화가 특정 지
역에서 일시적으로 일어난 이벤트가 아니라
는 점이 확인된 것이죠. 또 독일 호렌슈타인-슈
타델 동굴에서는 높이 31cm 가량의 '사자인간
Löwenmensch'으로 불리는 매머드 상아의 조각
상이 발견됐는데, 이것 또한 4만 1000년~3만
5000년 전으로 거슬러 올라가는 인류 최초
의 예술 작품 중 하나로 밝혀졌습니다. 무엇
이 그 옛날 오리냐시안 사람들로 하여금 어
두운 동굴에서 머무르며 예술 작업에 매달
리게 만들었을까요.

사자인간 조각상

라샹 이벤트

과학자들이 주목한 것은 라샹(또는 라스샹) 이벤트Laschamp
Event입니다. 라샹 이벤트는 4만 2000~4만 1500년 전 지구
자기장이 급격히 약해지면서 반전했다가 대략 1000년이 지
나 원래 상태로 돌아온 사건입니다. 이로 인해 수백 년간 지
구 자기장의 세기가 지금의 5~10% 수준까지 낮아졌던 것으
로 추정됩니다.

　지구 자기장은 우주에서 날아오는 각종 우주선Cosmic

극한 기후 속 인류의 기록과 미래 – 설국열차

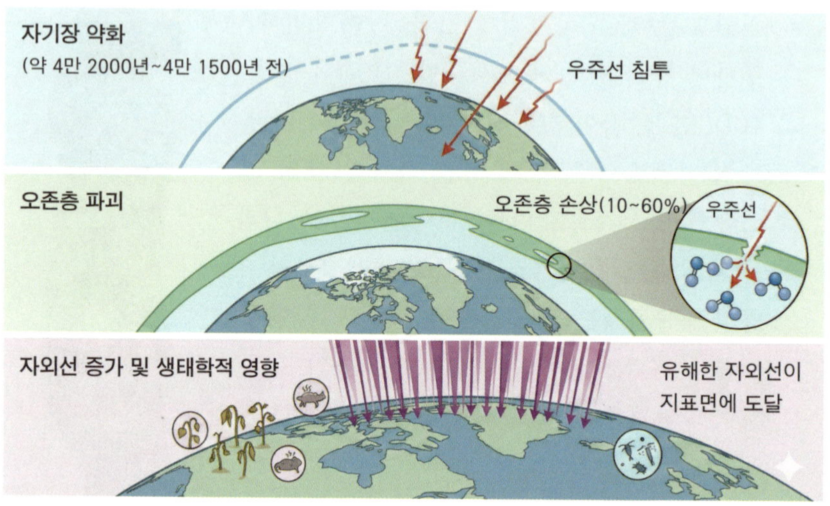

라샹 이벤트로 오존층이 약화했을 때 지구 동식물들이 피해를 입을 수 있다.

Rays의 최전선 '방어벽'입니다. 따라서 자기장이 약화하자 많은 태양풍과 우주선이 대기 상층으로 들어왔고, 성층권에서 오존층을 파괴하는 결과를 초래했습니다. 이때 오존층은 약 10~20%, 극지방에서는 최대 30~60%까지 얇아졌을 가능성이 제기되고 있습니다.[44]

오존층이 지구의 생명체에게 중요한 이유는 자외선을 적절한 수준으로 걸러주는 '필터' 역할을 하기 때문입니다. 자외선은 인체에 피부암·백내장 등을 일으키고, 동식물의 생장과 플랑크톤 생존에도 치명적인 타격을 줍니다. 이 자외선을 막아주는 오존층이 대량 감소하면, 다량의 자외선이 지표면에 도달하면서 생태계에 심각한 결과를 가져오게 됩니다.

3장 위기를 돌파하는 힘

그래서 진화 생물학자 앨런 쿠퍼Alan Cooper가 이끄는 호주 연구팀은 라샹 이벤트가 큰 포유류와 네안데르탈인의 멸종, 그리고 동굴 예술의 출현과 관련이 있다는 결론을 내렸습니다.[45] 극단적으로 증가한 자외선이 인류로 하여금 이전 같은 야외 활동을 어렵게 만들었고, 그늘이나 동굴에서 생활하는 것을 선호하게 됐다는 것입니다. 또한 이 시기에는 다량의 우주선이 대기 중에 들어오면서 지구 곳곳에서 전례 없는 오로라 현상이 출현했을 것으로 보고 있습니다. 낮에는 견디기 힘들 정도의 따가운 자외선이 내리쬐고 밤에는 오색 빛깔의 오로라가 머리 위로 펼쳐졌습니다. 당시 쇼베 동굴 등에서 머물렀던 인류의 충격과 공포를 짐작할 수 있습니다.

수백 년간 일어난 라샹 이벤트는 이후 하인리히 정체기라고 하는 한랭기가 이어지면서 그 여파는 더 오래 지속됩니다. 땅 위에 사는 인류로서는 그야말로 온탕과 냉탕을 오가는 극적인 순간이었을지도 모릅니다.

오존층이 감소했는데, 지구가 오히려 차가워지다니 다소 고개를 갸우뚱하게 만들 수도 있습니다. 오존층의 역할은 두 가지가 있습니다. 하나는 앞서 말한 '필터'입니다. 또 다른 중요한 역할은 '히터'입니다. 오존은 자외선을 적절히 걸러 지표면을 보호하기도 하지만, 한편으로는 이 과정에서 자외선을 흡수해 성층권을 따뜻하게 유지합니다. 오존층은 이렇게 두 역할을 통해 성층권과 대기권을 동시에 보호하는 중요한 막입니다.

극한 기후 속 인류의 기록과 미래 – 설국열차

이렇듯 라샹 이벤트의 효과는 복합적이었던 셈입니다. 일단, 자외선의 다량 흡수로 인간이 나오기 어려울 정도가 되지만 시간이 조금 지나면 성층권이 냉각해 한랭화 등 각종 돌연변이 기후를 만들어내는 것이죠. 하지만, 기후학자들이 지목하는 지구를 '설국'으로 만들 유력한 '범인'은 따로 있습니다. 북대서양입니다.

런던과 뉴욕의 풍경을 바꾼 북대서양 해류

몇 년 전 영국에서 1년가량 머무른 적이 있습니다. 인상적인 것은 날씨였습니다. 영국이라면 늘 비가 오고 우중충한 하늘을 떠올리지만, 정반대의 이미지가 적잖게 남아 있습니다. 그중 하나는 11월에도 잔디가 푸릇푸릇하게 유지되는가 하면 12월에도 영상 10도 안팎을 유지한다는 점입니다. 덕분에 12월 아침에 반바지를 입고 템스 강변을 조깅하는 사람들도 종종 볼 수 있었습니다. 잉글랜드 프리미어리그가 한겨울에도 중단 없이 진행되는 이유이기도 합니다.

그런데 런던은 북위 42도로 한반도 정북진에 해당하는 중강진(41도)보다 북쪽에 있습니다. 겨울에 영하 40도를 오르내린다는 중강진보다 더 북쪽에 있는데, 영상의 기온을 유지하면서 양이 풀을 뜯을 수 있는 푸른 들판이 유지될 수 있는 이유는 뭘까요.

유럽과 북아메리카 사이에는 거대한 북대서양 해류가 순환합니다. 북극에서 차가운 심층수가 캐나다, 미국의 연안을 따라 흘러가다가 멕시코만에 있던 따뜻한 난류를 만나 이를 싣고 유럽 쪽으로 이동하는 것입니다.

이를 '대서양 자오선 역전순환AMOC'이라고 부르는데, 이것이 반복되면서 북극해의 한류는 미국 남부와 중남미를 차갑게 식혀주고, 멕시코만의 따뜻한 난류는 대서양 동부 연안에 붙은 유럽 국가들을 따뜻하게 덥혀줍니다. 기후학자들이 꼽는 지구의 가장 중요한 '온도 안정 장치'입니다.

덕분에 한겨울에도 연해주와 위도가 같은 영국이 따뜻할 수 있고, 대서양 서부 연안 도시들은 겨울에 한반도만큼이나 추워지는 것이죠. 허먼 멜빌의 《모비 딕》에서 묘사한 19세기 미국 메사추세츠 뉴베드퍼드의 11월을 보시죠.

"조금 더 걸어가니 '황새치 여인숙'의 새빨간 창문에서는 뜨거운 빛이 쏟아져 나와 마치 집 앞에 켜켜이 다져진 눈과 얼음을 녹여버린 듯했다. 다른 곳은 어디나 얼어붙은 서리가 단단한 아스팔트 같은 바닥 위에 열 치나 두껍게 얼어붙어 있었으니까. 나는 부싯돌처럼 단단하게 솟은 얼음 조각들이 발에 채일 때마다 몹시 피곤했다. 오랫동안 혹독하고 무자비하게 닳아버린 탓에, 내 부츠 밑창은 참으로 형편없는 상태였기 때문이다."

12월에도 얼음을 보기 힘든 영국 런던과 달리 미국 뉴욕은 11월만 돼도 눈과 얼음이 쌓이는 날씨였던 것이죠. 이렇게 두 도시의 차이를 만든 것이 바로 북대서양 해류의 움직임입니다.

'만약 북대서양 해류의 흐름이 정반대였다면'이라는 흥미

극한 기후 속 인류의 기록과 미래 – 설국열차

로운 상상도 해보면 어떨까요. 그렇다면 두 도시의 기후는 정반대가 되겠죠. 북극의 한류가 떠내려온 영국·프랑스·스페인 등 서유럽의 해안가, 그러니까 대서양 동부 연안은 겨울에 몸을 덜덜 떨 정도로 추워질 겁니다. 겨울 휴가지로 인기가 높은 포르투갈과 스페인의 해안 도시들도 재미를 보기 어려워지겠죠. 반대로 뉴욕이나 몬트리올 같은 도시들은 이전보다 따뜻한 겨울을 만끽할 수 있게 됩니다.

영화 속 빙하기

대표적인 재난 영화 〈투모로우〉는 대서양 해류의 이상으로 지구가 급속도로 얼어붙는 상황을 그렸습니다. 지구 온난화로 인해 북극의 빙하가 급격히 녹아내리면서 북대서양 해류의 흐름에 심각한 영향을 끼치게 되는 것이죠. 일찌감치 이를 경고했던 기후학자 잭 홀 박사는 비웃음만 당했고, 미국 정부는 해양 온도가 13℃나 낮아지면서 뉴욕 등 미국 북부가 얼어붙는 광경을 목격하고서야 뒤늦게 시민들을 남쪽으로 대피시킨다는 내용입니다.

실제로 얼마 전 덴마크 코펜하겐대의 페테르·수잔네 디틀레우센Peter·Susanne Ditlevsen 교수 연구팀은 국제 학술지 '네이처 커뮤니케이션스Nature Communications'에 1870~2020년 북대서양 해수면 온도와 해류 흐름을 관측한 결과, 현재와 같은 북대서양 해류 시스템이 2095년 이전에 완전히 사라질 수 있다는 논문을 발표했습니다.[46]

이들에 따르면 바닷물의 순환은 최근 150년 동안 눈에 띄게 불안정해졌는데, 지구의 온도가 상승하면서 극지방의 얼음이 녹고, 담수가 유입되면서 바닷물의 염도가 낮아졌기 때문이라고 합니다. 이보다 앞서 2018년에는 독일 포츠담 기후영향연구소에서 북대서양 해류의 순환 속도가 20세기 중반보다 15%가량 느려졌다는 분석을 발표했습니다.[47] 또, 네덜란드 흐로닝언 대학과 위트레흐트 대학 연구팀은 향후 100년 내 북대서양 해류가 일시적으로 멈출 수도 있다는 계산을 공개했습니다.[48]

모두 지구 온난화로 인해 빙하가 녹는 현상을 원인으로 지목하고 있습니다. 북대서양 해류 시스템을 만드는 대서양 자오선 역전순환은 바닷물 속 염분이 큰 영향을 끼치기 때문입니다. 그런데 빙하가 녹으면서 밍밍한 담수가 대서양으로 대거 밀려들면서 바닷물의 염분 농도가 낮아져 흐름을 교란한다는 것이죠. 그러면 적도의 열기가 북반구로 전달되지 못하면서 한동안은 빙하기 수준의 한랭기가 도래한다는 것이 학자들의 우려입니다. 즉, 지구의 '보일러'가 버튼을 내리는 셈입니다. 따라서 북극의 빙하들이 녹아내리는 속도를 줄이지 않으면 영화 〈투모로우〉와 같은 재앙까지는 아니더라도 기상이변이 잦아질 수밖에 없다고 이들은 주장합니다.

대서양 자오선 역전순환의 마지막 붕괴가 일어난 것은 1만 2800년 전입니다. 당시는 무려 10년 만에 지구 북반구 온도가 10~15도나 변했습니다. 지금 1세기에 걸쳐 1.5도가량 온도가 올라간 것을 두고 전 세계가 긴장하는 것과 비교하면 엄

극한 기후 속 인류의 기록과 미래 – 설국열차

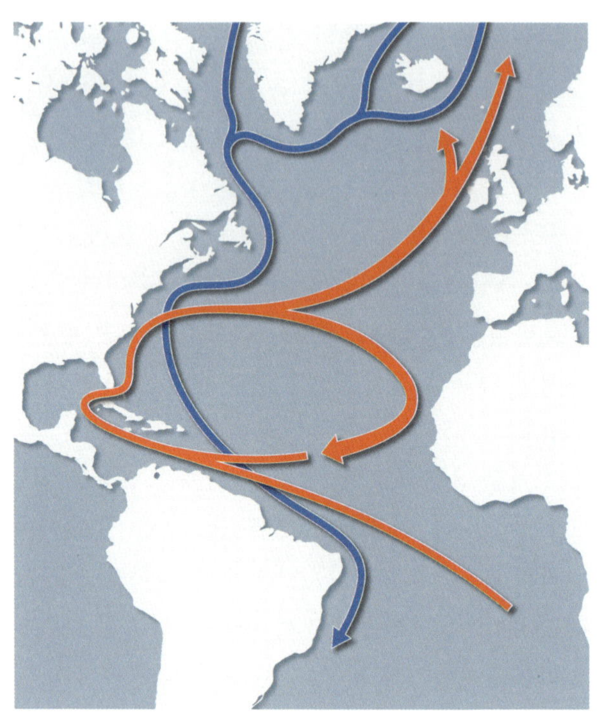

대서양을 순환하는 한류와 난류의 움직임

청난 변화죠. 하지만, 과학자들은 아직도 무엇이 이런 변화를 일으켰는지는 정확히 답을 내놓지 못하고 있습니다. 일각에서 산업화로 인한 지구 온난화에 대해 냉소적인 반응을 보이는 배경이기도 합니다. 현재의 온난화도 저 당시처럼 지구의 자체적인 움직임이 아니냐는 것이죠.

3장 위기를 돌파하는 힘

1만 2800년 전, 급변한 지구 기온

이에 대한 논쟁을 여기서 되풀이할 필요는 없을 것 같습니다. 다만 1만 2800년 전 일어난 이 변동은 지구와 인류에 큰 영향을 끼쳤다는 것은 분명합니다. 이로 인해서 약 10만 년 가까이 지속됐던 마지막 빙하기가 종료됐고, 유럽과 북아메리카를 덮고 있던 거대한 얼음이 사라져 인류의 생활공간도 극적으로 확장됐습니다.

좋은 점만 있었던 것은 아닙니다. 영화 〈투모로우〉에서 뉴욕시가 바다에 잠겼던 것처럼 급격한 온도 상승으로 북극과 남극의 빙하가 녹아내리자 거대한 해일이 전 지구를 덮쳤습니다.

이때 세계 곳곳에 살던 인류는 이로 인해 발생한 거대한 홍수에 대한 기억을 전승에 남겼습니다. 성서에 나오는 '노아의 홍수'가 가장 유명하지만, 중국이나 동남아시아, 북아메리카 등 세계 곳곳에 비슷한 홍수 설화가 전해져 내려오고 있습니다. 그것은 그만큼 이 홍수가 전 지구적으로 엄청난 규모였으며, 그 충격이 대단했다는 것이겠죠.

이처럼 인류 역사에 거대한 충격을 일으켰지만, 정작 그 원인이 베일 속에 가려져 있다 보니 일부 학자들은 과감한 주장을 내놓기도 했습니다. 가장 유명한 사례는 《신의 지문》의 저자로 잘 알려진 그레이엄 핸콕Graham Hancock입니다. 그는 거대한 운석이 북아메리카를 덮고 있던 거대한 빙벽에 부딪혔고 이때 발생한 충격과 열로 인해 얼음이 삽시간에 녹으면

극한 기후 속 인류의 기록과 미래 – 설국열차

서 거대한 홍수가 이어지게 된 것이라고 주장합니다.

그래도 한 가지 위안이라면 과거 인류보다는 나은 상황이라는 점입니다. 4만 년 전 치명적 자외선에 노출됐던 인류나 1만 2800년 전 홍수에 휩쓸렸던 인류와 달리 현재 우리는 온난화는 물론 기후가 변화했을 때 어떤 결과를 초래할지에 대해 어느 정도 인지하고 있기 때문입니다. 이미 알려진 위기는 위기가 아니라는 말도 있듯이, 지나친 종말론적 공포에 사로잡히기보다는 앞으로 어떻게 대응해나갈지 지혜를 모을 때입니다.

3장 위기를 돌파하는 힘

네안데르탈인의 쇠퇴를 불러온 라샹 이벤트

✣ 라샹 이벤트는 호모 사피엔스가 네안데르탈인과의 경쟁에서 승리하고 지구의 패자霸者로 등극하는 결정적 계기가 됐습니다. 앞선 설명과 같이 원인 모를 이유로 자기장 '방어선'이 약화하고, 이를 넘어온 태양풍과 우주선이 오존층을 파괴하면서 유라시아 대륙은 급격한 환경 변화가 일어났습니다.

일단, 강력한 자외선이 들어오면서 지표면에 있던 식물군이 큰 타격을 입었고, 이를 주식으로 하는 매머드나 털코뿔소 등 대형 초식 동물도 개체 수가 급감하는 연쇄 반응으로 이어졌습니다.

또한 라샹 이벤트에 이어진 하인리히 이벤트는 지구 북반구에 극심한 한랭건조 현상을 일으키면서 유럽을 덮고 있던 울창한 숲이 사라지고 척박한 툰드라와 초원 지대가 들어섰습니다.

이와 같은 변화는 당시 유럽을 주 무대로 삼고 활동하던 네안데르탈인을 괴롭히게 됩니다. 네안데르탈인은 호모 사피엔스에 비해 무거운 골격과 근육질의 육중한 체격을 갖고 있었는데 이를 유지하려면 더 많은 칼로리가 필요했습니다. 인류학자들에 따르면 이들은 하루 평균 4,400~4,800kcal 이상의 막대한 에너지가 필요한데, 이는 같은 기후대의 호모 사피엔스보다 7%가량 높은 수치였습니다.[49] 또한, 현대 성인 남성

(약 2,500kcal)보다는 무려 2배가량 많은 양입니다.

이렇게 많은 에너지를 공급하기 위해 네안데르탈인들은 앞서 언급한 매머드 같은 대형 초식 동물을 사냥해 주식으로 삼았는데, 이상 기후로 이런 동물들이 사라지고 있으니, 생존에 위협을 받을 수밖에 없었던 것이죠.

호모 사피엔스는 달라진 기후 환경에 보다 연착륙할 수 있는 특징을 갖고 있었습니다. 일단, 네안데르탈인보다 칼로리 소모가 적었기 때문에 대형 초식 동물이 없어도 생존이 가능했습니다. 토끼 같은 작은 포유류나 바다에서 잡은 생선으로 이를 보충할 수 있기 때문입니다. 이를테면 네안데르탈인은 연비를 많이 잡아먹는 경유 지프차라면, 호모 사피엔스는 하이브리드 승용차인 셈이죠.

사냥 방식도 달랐습니다. 네안데르탈인은 나무가 많은 숲에 숨어 있다가 사냥감에 뛰어들어 창으로 직접 찌르는 방식에 특화되어 있었습니다. 네안데르탈인의 어깨와 팔 관절은 무거운 창을 쥐고 '강하게 찌르는Thrusting' 동작에 맞춰 진화한 것이죠. 하지만, 숲이 평원으로 바뀌자 이런 사냥 방식은 잘 통하지 않게 됐습니다.

반면, 호모 사피엔스는 동물의 뼈나 돌을 쪼개고 갈아 다양한 도구를 이용할 줄 알았는데, 이것이 큰 도움이 됐습니다. 그물이나 덫을 만들어 큰 에너지 소비 없이 작은 초식 동물이나 물고기를 잡을 수 있었기 때문이죠. 적은 노력을 들여서 식량을 확보할 수 있다는 건 생존에 매우 유용한 장점이었습니다.

반면, 네안데르탈인의 유적에서는 이런 그물이나 덫을 활발하게 사용한 흔적이 나타나지 않습니다. 작은 동물 한 마리를 잡기 위해 창을 들고 뛰어다니려면 사냥하는 데 소모하는 칼로리가 더 커서 효율성에서는 극악이었을 겁니다. 또한 호모 사피엔스는 뼈바늘을 이용해 보다 촘촘한 방한복을 만들 수도 있다 보니 추위에 적응하는 데도 한결 유리했습니다.

결론적으로 호모 사피엔스는 더 적은 에너지를 쓰고도 생존할 수 있었기 때문에, 남은 에너지를 출산 간격 단축이나 영아 생존율 향상에 투자할 수 있었고, 이것이 인구학적 승리로 이어졌다고 볼 수 있습니다.

이처럼 호모 사피엔스가 자신보다 강했던 네안데르탈인들을 압도했던 것은 유례없는 기후 변화 덕분이었습니다. 기후 변화는 지금 갑자기 우리에게만 닥친 '재난'이 아닙니다. 수만 년 동안 인류는 수차례에 걸쳐 극적으로 변화하는 기후에 적응하면서 여기까지 왔습니다. 따라서 앞으로도 기후 변화는 계속 이어질 수밖에 없습니다. 익숙한 기후로 되돌려야 한다는 아집을 버리고, 달라진 환경에 얼마나 유연하게 적응하느냐에 우리의 미래가 달려 있습니다.

얼음의 땅에서 일으킨 문명

빈란드 사가

이야기는 세계에서 가장 오랜 역사를 가진 의회 기관인 아이슬란드 의회 '알팅Althing'이 982년 내렸던 한 판결에서 시작됩니다. 피고인은 노르웨이에서 이주해 온 에이리크 힌 라우디. '붉은 에이리크'라는 의미입니다. 그의 집안은 평소에 주변과 잦은 마찰을 벌여 골칫덩이로 통했는데, 기어코 에이리크가 또 다시 살인을 저지르자 3년 추방령을 내려 쫓아냅니다. 이미 노르웨이에서도 그의 부친 토리발드가 살인을 저질러 아이슬란드로 도망을 온 전력이 있었으니, 어딜 가나 이웃과 갈등을 일으키는 유형이었던 것 같습니다.

배를 타고 정처 없이 서쪽으로 떠났던 에이리크는 3년 뒤 아이슬란드로 돌아와 솔깃한 이야기를 퍼뜨립니다. 아이슬란드에서 서쪽으로 더 갔더니 푸른 언덕으로 뒤덮인 땅이 나왔다는 것이죠. 그는 이 땅을 '그린란드Greenland'라고 부르면서, 이곳으로 함께 이주할 사람들을 모았습니다.

하지만 약속의 땅으로 향하는 뱃길은 험난했고, 25척의 배 중 그린란드에 닿은 것은 고작 14척. 도착 이후의 삶도 기대만큼 순탄하지는 않았습니다. 그래도 초기의 시행착오를

거친 이들은 결국 그린란드를 새로운 정착지로 만드는 데 성
공했고, 이후 빈란드(지금의 북미 대륙)까지 진출해 무역으로
막대한 부富를 일구게 됩니다.

바이킹의 설화 '빈란드 사가Vinland Saga'에 묘사된 유럽인
들의 그린란드 정착 과정입니다.

'빈란드 사가'가 담지 못한 이야기

실제로, 이 땅은 그린란드와는 거리가 멀었습니다. 정작 '얼음
의 땅'이라고 이름 붙여진 아이슬란드Iceland보다 척박하고 얼
음이 많은 땅이었으니까요. 그래도 행운이 따랐습니다. 이들
이 넘어갔던 10세기는 때마침 '중세 온난기Medieval Warm Period'
였고, 지구 어느 곳을 가도 제법 따스함을 느낄 수 있는 시기
였습니다. 덕분에 이들은 어업과 목축, 그리고 낮은 수준의 농
경(보리)까지 손대며 그린란드를 자신들만의 옥토로 만들어갑
니다. 그리고 〈빈란드 사가〉는 이런 결과를 자랑스럽게 기록
한 것이죠.

구전으로 전하던 〈빈란드 사가〉를 기록한 이들이 100년
만 늦게 작업을 시작했어도, 해피엔딩의 결말은 매우 달라졌을
겁니다. 아니, 어쩌면 이런 작업 자체를 중단했을 수도 있죠.

14세기 '중세 온난기'가 저물면서 그린란드의 좋았던 시
절도 막을 내립니다. 소빙기가 도래하자 그린란드 주변 바다
에는 거대한 해빙이 떠내려오기 시작했고, 유럽 대륙과 통하
던 뱃길이 막히기 시작했습니다.

얼음의 땅에서 일으킨 문명 – 빈란드 사가

그린란드는 목재와 철을 전량 수입에 의존했는데, 유럽과의 교역이 막히자 집을 짓거나 배를 수리하기도 어려워졌겠죠. 여름이 짧아지고 겨울이 길어지자 목초들도 말라갔고, 소와 양들이 죽어갔으며 고기와 우유, 치즈의 결핍으로 이어졌습니다.

학자들이 훗날 그린란드에서 발견한 유골들을 분석한 결과 초기 정착민은 육류 섭취 비중이 높았지만, 후기로 갈수록 물개 등 해산물 비중이 높아져 나중엔 80%까지 다다랐다고 합니다.[50] 목축이 불가능해지자 선택한 생존책이었던 것이죠.

흥미로운 것은 날로 추워지는 가운데서도 이들이 '유럽 문명'의 자의식을 놓지 않으려 했다는 것입니다. 꽁꽁 얼어붙은 동토층 덕분에 이곳 무덤에서는 당시 입었던 의복도 그대로 보존된 채 발견됐는데, 이누이트 원주민처럼 동물 가죽을 이용한 방한복이 아니라 당시 런던이나 파리에서 유행하던 고딕 스타일이었다고 합니다.

소빙기가 한참 진행된 1500년대 중반 아이슬란드 선원들이 폭풍에 떠밀려 그린란드에 임시 상륙했는데, 이곳에서 선원들은 텅 비어 있는 정착촌과 엎어진 채로 사망한 한 남성의 시신을 발견했습니다. 그의 손에는 닳아빠진 녹슨 칼이 쥐어져 있었습니다. 혹독한 기후 변화 속에서 '문명'을 통해 어떻게든 생존을 모색하고자 했던 인간의 쓸쓸한 최후였을까요.

이렇게 이들은 역사의 뒤편으로 남겨지며, 잊혀진 존재가 됐습니다. 이 과정은 제러드 다이아몬드가 《문명의 붕괴

3장 위기를 돌파하는 힘

Collapse》에서 상세히 다루기도 했습니다. 이렇게 사람들의 뇌리에서 흐릿해졌던 이 땅이 600년이 지난 지금 다시 이목을 끌고 있습니다. 붉은 에이리크처럼 '그린란드'라고 속삭이는 사람도 없는데 말이죠.

열강들의 북극 쟁탈전

"북극 쟁탈전Scramble for the Arctic"은 영국 경제지 파이낸셜타임즈가 2026년 1월 북극에 대한 열강의 경쟁을 다루며 쓴 표현입니다. 과거 19세기 제국주의 시대에 쓰인 '아프리카 쟁탈전Scramble for the Africa'에 빗댄 것이죠. 21세기에는 북극이 새로운 제국주의 시대를 열 수 있다는 전망입니다.

도널드 트럼프 미국 대통령이 덴마크령 그린란드에 대한 야욕을 노골적으로 드러내는 가운데, 러시아도 노르웨이령 스발바르제도에 군침을 흘리고 있다고 하네요. 이들 지역은 30년 전만 해도 거의 관심을 두지 않는, 심지어 사람보다 북극곰이 더 많이 사는 땅이었지만 지금은 사정이 달라졌습니다. 희토류를 비롯한 구리·리튬 등 풍부한 광물 자원과 북극 교통의 거점으로서 세계열강이 군침을 흘리는 지역이 됐습니다. 특히 그린란드의 경우, 여러 차례 거부에도 불구하고 트럼프 대통령이 병합 의사를 고수하면서, 덴마크와 협의를 갖기도 했습니다.

반전이 일어난 것은 기후 변화 때문입니다. 지구의 온도가 올라가면서, 얼음이 녹고 이들 지역에 대한 접근이 전보다

얼음의 땅에서 일으킨 문명 – 빈란드 사가

쉬워지면서 북극권 지역의 가치가 치솟기 시작한 것이죠. 덕분에 그린란드는 최근 관광업과 광업 등이 활기를 띠기 시작하며, 즐거운 휘파람을 내고 있다고 합니다. 그린란드는 최근 미국의 병합 시도와는 별개로 덴마크로부터 독립을 시도하겠다는 의사를 밝히기도 했는데, 여기엔 상승하고 있는 그린란드의 경제력도 작용했다는 게 언론들의 분석입니다. 그러고 보면, 온난화로 웃고 있는 지역도 있는 것이죠.

온난화로 가치가 상승하는 땅은 그린란드뿐이 아닙니다. 북극해의 빙하들이 녹으면서 북극항로에 대한 관심도 뜨거워지고 있는데, 이 경우 그동안 '버려진 동토의 땅'으로만 생각해왔던 시베리아의 가치도 달라지게 되겠죠. 시베리아에서 농경이 가능해진다면, 미국을 능가하는 거대한 밀 생산국이 될지도 모릅니다. 물론, 아직은 적잖은 시간이 필요한 미래의 일로 보입니다.

기후 방탄 도시

"춥습니다. 회색빛이죠. 하지만, 낙원이 될 수 있을지도 모릅니다. 날로 상승하는 해수면과 온도로 고통 받는 기후 난민에게는 말이죠."

2019년 4월, 뉴욕타임스의 '지구 온난화를 피하고 싶나요? 이 도시들이 시원한 안식처가 되어 줄 겁니다Want to Escape Global Warming? These Cities Promise Cool Relief'라는 제목의 기사는 이렇게 시작합니다. 이 기사가 주목한 도시는 미국 오대호 연안에 있는 미네소타주의 덜루스Duluth와 뉴욕주의 버팔로Buffalo입니다. 하버드대에서 도시 개발과 기후 적응을 연구하는 제시 키넌Jesse Keenan 박사는 흥미로운 명칭을 선사했는데, '기후 방탄Climate-proof 도시'입니다.

오대호 중 가장 거대한 슈피리어호 인근의 덜루스가 기후 난민의 낙원으로 꼽힌 것은 일단, 기후가 서늘해서입니다. 덜루스는 50년 후에도 한여름 최고 기온이 섭씨 29~30도에 머물 것으로 예상되는데, 지금도 35~40도를 넘나드는 미국 남부 상황을 생각하면 꿈같은 온도죠.

두 번째는 낮은 산불 위험입니다. 한국도 간혹 대형 산불이 일어나긴 하지만 미국에서는 더 심각한 위기로 받아들여지고 있습니다. 2025년 1월에도 캘리포니아 남부에서 일어난 산불로 로스엔젤레스와 인근 도시들이 많이 불탔는데, 워낙 걷잡을 수 없이 번지다 보니 앤서니 홉킨스나 박찬호 같은 유명인들의 저택도 안전지대가 되지 못했고, 앤디 워홀의 그림, 아르놀트 쇤부르크의 악보 등 귀중한 문화적 유산들도 소실됐다고 합니다. 미국 보험사들은 피해액이 약 340조~380조 원에 달한다고 추정했습니다.

하지만 거대한 호수 근처에 자리 잡은 덜루스는 산불이 일어나기 쉬운 고온 건조한 날씨로부터 멀찍이 떨어져 있는 편입니다. 게다가 내륙에 위치해 있기 때문에 빙하가 녹아 해수면이 상승하더라도 도시가 물에 잠길 일도 없죠. 그러면서도 엄청난 규모의 담수를 확보하고 있어 물 부족 사태를 피할

얼음의 땅에서 일으킨 문명 – 빈란드 사가

수 있다는 점도 장점입니다.

이리호 근처에 있는 버팔로 역시 이런 조건들에 맞아떨어져 바이런 W. 브라운 버팔로 시장은 '기후 피난처Climate Refuge'라고 소개하기도 했습니다. 실제로 푸에르토 리코에 거주하는 주민들 수천여 명이 기후 재난을 피해 버팔로로 이주하기도 했습니다. 기후학자들이 볼 때는 머지않은 미래에 기후 재난을 피하려는 사람들이 이런 도시들로 밀려들 수 있다고 전망합니다. 그러고 보면 날로 더워지는 한국에서도 이런 조건에 맞아떨어지는 충주호 일대가 주목받을 수 있겠다는 생각도 드네요.

Go, North

옥타비아 버틀러가 1993년 낸《씨앗을 뿌리는 사람의 우화 Parable of the Sower》는 미국 캘리포니아를 배경으로 재앙적 기후 변화에 놓인 사람들이 식량난과 치안 악화를 피해 안전한 북쪽으로 탈출하는 과정을 묘사하고 있습니다. 흥미롭게도 시간적 배경은 2024년인데, 최근 미국의 상황을 떠올려보면 30년 전에 이런 발상을 했다는 것이 퍽 놀랍습니다.

사람들이 구원을 찾아 떠나는 방향이 북쪽이라는 것도 주목할 만하죠. 지금까지 인류가 기후 위기의 도래로 이주가 불가피했을 때, 선택한 방향은 남쪽이었습니다. 그것은 인류의 역사 시대가 개막한 이래 대부분, 아니 언제나 인류를 위협했던 것은 한랭화였기 때문입니다.

3장 위기를 돌파하는 힘

앞에서 우리는 한랭화로 인해 인류가 어떤 어려움을 겪는지 봤습니다. 농사가 어려워지고, 식량 부족에 놓인 인류는 영양 결핍으로 면역력이 약해지면서 전염병에 취약해졌습니다. 또, 부족한 자원을 확보하기 위해 전쟁이 벌어지기도 했습니다. 전기나 석탄 연료를 이용하기 전 날씨가 추워진다는 것은 곧 생존을 위한 사투를 예고하는 것이기도 했습니다.

그래서 인류는 생존을 위해 새로운 정착지를 찾아 떠나기도 했습니다. 하지만 새로운 땅을 발견해도 이미 거주하고 있는 토착민과의 갈등을 각오해야 했습니다. 우리가 이 책에서 다뤘던 건국자들의 여정이 그랬습니다.

하지만 앞으로는 온난화로 인해 북쪽을 향해 발걸음을 옮기게 될지도 모르겠습니다. 먼 옛날 아프리카에서 인류가 지구 곳곳으로 퍼져나간 이래 한 번도 경험한 적 없는 새로운 도전입니다. 지금까지 인류가 선호했던 거주지와는 사뭇 다른 조건을 갖춘 곳에서 자리 잡은 먼 미래의 인류는 어쩌면 남쪽에서 온 사람들의 이야기를 들으며 자라날지도 모릅니다.

얼음의 땅에서 일으킨 문명 – 빈란드 사가

루이스 체스맨

❖ 런던에 있는 영국박물관에서는 재밌게 생긴 체스Chess를 팝니다. 루이스 체스맨Lewis Chessmen이라고 하는 중세 시대 체스입니다. 1831년 스코틀랜드의 루이스섬Isle of Lewis의 '우이그Uig'라는 지역의 모래언덕에서 발견되었다고 하는데, 한 손으로 턱을 괸 채 멍한 표정을 짓는 여왕이나 분노를 주체하지 못한 채 방패를 물어뜯는 전사들의 익살스러운 표정 때문에 체스 마니아들에게 많은 사랑을 받고 있습니다. 기존 체스와 달리 바이킹을 묘사한 것이라고 하네요.

이 체스가 주목을 끌었던 또 다른 이유는 체스 말의 재료가 바다코끼리의 상아였기 때문입니다(정확히는 93개의 말 중 82개). 1150~1200년경 제작된 것으로 추정되는데, 이때 바다코끼리 상아라면 이를 공급할 수 있는 곳은 십중팔구 그린란드뿐입니다. 학자들은 그린란드산 바다코끼리 상아를 노르웨이에서 수입해 체스로 제작한 뒤, 무역로를 따라 스코틀랜드에 팔려간 것으로 추정합니다.

이것은 중세 온난기에 그린란드가 어떻게 경제활동을 영위했는지 보여주는 중요한 단서이기도 합니다. 당시 그린란드는 유럽에서 귀중한 바다코끼리 상아와 북극곰 가죽을 팔면서 짭짤한 이익을 거뒀습니다. 이것으로 그린란드엔 나지 않는 철이나 목재, 또는 식량과 바꿔 왔겠죠. 이 무렵 상아가 나오는 교역로를 이슬람 세력이 쥐고 있었기 때문에 유럽으로서는 그린란드가 참 중요한 상아 공급원이었습니다.

하지만 십자군 전쟁 이후 아프리카로 가는 교역로가 뚫리기 시작하면서 그린란드로 가는 발길이 뜸해졌고, 더불어 유럽에 흑사병이 돌아 사치품에 대한 수요가 급감하면서 그린란드는 치명타를 맞았습니다. 그리고 대항해 시대가 시작되자 유럽인들은 거대한 범선을 이끌고 아프리카와 인도로 가는 길을 새로이 열었고, 그린란드는 유럽의 시야에서 완전히 지워졌습니다. 루이스 체스맨은 기후 변화와 교통수단의 발달, 유통망의 변화가 문명의 흥망성쇠에 얼마나 큰 영향을 끼치는지를 보여주는 유물이기도 한 셈입니다.

스코틀랜드 국립 박물관에서 소장 중인 루이스 체스맨

처음이 가장 두렵고 아프다는 말이 있습니다. 제가 10대 학창 시절을 보낼 때는 학교에서 체벌이 일상이었는데, 성적이 나쁘거나 청소 상태가 불량하다는 이유로 반 전체가 차례대로 나와서 엉덩이를 맞곤 했습니다.

생각해보면 지금의 기후 변화도 그런 것 같습니다. 사실 인류 역사상 기후가 안정적인 때는 거의 없었습니다. 늘 오르락내리락 롤러코스터였던 것이죠. 그 기후의 흐름에 따라 인류는 확장 지향(온난기)이 되기도, 수축 지향(한랭기)이 되기도 했습니다.

다만 인류의 역사 개막 이래 따뜻해져서 위기감을 느끼게 된 건 지금이 최초인 것 같습니다. 그래서 미지에 대한 공포와 두려움이 기후 변화의 미래를 자극적인 '디스토피아'로 그리도록 한다는 생각도 듭니다.

물론 작금의 온난화는 분명히 인류의 큰 숙제입니다. 그렇다고 해서 기후 변화 때문에 조만간 인류가 모두 말라 죽을 것처럼, 이에 동조하지 않는 이들을 인류의 적처럼 몰아세우거나 갤러리의 명작에 수프를 끼얹는 식의 과격한 퍼포먼스에는 선뜻 동의하기 어렵습니다.

예견된 '위기'는 온전한 '위기'가 아니라는 말이 있습니다. 과거 기후 변화 속에서 인류는 큰 위기를 겪었지만, 그들은 기후 변화의 메커니즘에 대해서는 잘 알지 못했습니다. 이를 그저 하늘이 내린 '천벌'로 여기거나, 아예 기후가 바뀌고 있다는 것조차 모른 채 어려움을 겪다가 사라졌습니다.

하지만 21세기를 살아가는 우리는, 비록 전체의 모습은 아니더라도, 기후 변화가 어떤 방향으로 나아가고 있는지, 그리고 어떻게 대응해야 하는지에 대해 조금씩이나마 머리를 맞대고 그 방법을 찾아가고 있습니다. 낙관적으로 비칠지 몰라도, 이런 과정을 거치며 인류는 다시 한번 해법과 나름의 문화를 만들어내지 않을까요.

지금 제가 살고 있는 일본 도쿄의 집은 북동향입니다. 일본도 한국과 크게 다르지 않아서 대개 남향집을 선호합니다. 그런데도 제가 이 집을 주저 없이 선택한 데는 이유가 있습니다. 살인적으로 덥다는 일본의 여름 때문입니다. 일부러 볕이 잘 들지 않는 북향집으로 이사가는 사람들이 있다는 이야기를 듣고서는, 일부러는 아니더라도 북향집을 꺼릴 필요는 없겠다고 생각했습니다. 기후 변화를 이해하고 나름의 대응을 하는 것도 나쁘지 않을 테니까요.

아직 이 집에서 여름을 겪어보기 전이지만, 앞으로 이런 현상이 수십 년 지속된다면 먼 훗날에는 모두 북향집을 선호하는 날도 오지 않을까 하는 생각도 해봅니다(물론, 올겨울에 한파가 찾아온다면 갈대처럼 연약한 제 생각은 또 바뀌겠지만요).

4월의 마지막을 향해 가는 이곳은 이미 더워지기 시작했습니다. 17세기 소빙기가 전면 구들 온돌의 전국적 보급과 네덜란드의 풍경화를 낳았듯이, 더워지는 21세기에는 어떤 문화를 남기게 될까요. 문득 궁금해지는 요즘입니다.

도쿄 아오야마에서
유성운

참고한 책들

《기후의 힘》, 박정재 지음, 바다출판사, 2021.

《대한제국멸망사》, H. B. 헐버트 지음, 신복룡 옮김, 집문당, 2019.

《먼나라 이웃나라》, 이원복 지음, 김영사, 2012.

《세계사 속 중국사 도감》, 오카모토 다카시 지음, 유성운 옮김, 이다미디어, 2021.

《송나라 식탁 기행》, 리카이저우 지음, 한성구 옮김, 생각과종이, 2020.

《인간 공자, 난세를 살다》, 리쉬 지음, 박희선 옮김, 메디치미디어, 2020.

《조선과 그 이웃 나라들》, B. 비숍 지음, 신복룡 옮김, 집문당, 2019.

《중국사를 꿰뚫는 질문 25》, 조영헌·윤형진·송진·손성욱·류준형·김한 신 지음, 아르테, 2025.

《코끼리의 후퇴》, 마크 엘빈 지음, 정철웅 옮김, 사계절, 2011.

《코레아 코레아》, 아손 그렙스트 지음, 김상열 옮김, 미완, 1986.

《한국과 그 이웃 나라들》, 이사벨라 버드 비숍 지음, 이인화 옮김, 살림, 1996.

《한 글자 중국》, 김용한 지음, 휴머니스트, 2018.

《한자: 기원과 그 배경》, 시라카와 시즈카 지음, 심경호 옮김, AK커뮤니케이션즈, 2017.

《한자의 풍경》, 이승훈 지음, 사계절, 2023.

미주

1   1ka는 1천 년 전을 일컫는다.

2   Xin Jia et al., *The "2.8 ka BP Cold Event" Indirectly Influenced the Agricultural Exploitation During the Late Zhou Dynasty in the Coastal Areas of the Jianghuai Region*, Frontiers in Plant Science, 2022.

3   박정재, 《기후의 힘》 바다출판사, 2021.

4   중국에서 성과 씨의 구분은 진(秦)나라가 무너지고, 한(漢)나라가 들어선 뒤 호적 제도를 새롭게 정비하면서 사라졌다.

5   《사기(史記)》 〈공자세가(孔子世家)〉에 기록된 '야합(野合)'이라는 표현에 주목해 공자가 숙량흘의 사생아였다는 도발적인 주장도 있다. "紇與顔氏女野合而生孔子(흘이 안 씨 딸과 야합하여 공자를 낳았다)" 리쉬, 《인간 공자, 난세를 살다》, 메디치미디어, 2020.

6   조영헌 외, 《중국사를 꿰뚫는 질문 25》, 아르테, 2025.

7   위(魏): 약 66만 호-443만 명, 오(吳): 약 52만 호-230만 명, 촉(蜀): 약 28만 호-94만 명.

8   P. Vannucci, *A Study on the Structural Functioning of the Ancient Charpente of Notre-Dame, with a Historical Perspective*, Journal of Cultural Heritage, 2021.

9   C. T. Simmons·L. A. Mysak, *Stained Glass and Climate Change: How Are They Connected?*, Atmosphere-Ocean, 2012 .

10   이 시기에도 스테인드글라스는 제작됐지만, 이전처럼 화려한 컬러보다는 빛을 최대한 많이 받을 수 있는 스테인드글라스의 색조가 밝아지거나 투명도를 높이는 기법이 널리 쓰이게 되었다. C. Simmons, L. Mysak, 앞의 논문.

11   이시 히로유키 외, 이하준 번역, 《환경은 세계사를 어떻게 바꾸었는가》, 2003년, 경당.

12   Robert C. Allen·Mattia C. Bertazzini·Leander Heldring, *The Economic Origins of Government*, American Economic Review, 2023.

13   Manfred Korfmann, *Troia, an Ancient Anatolian Palatial and Trading Center: Archaeological Evidence for the Period of Troia VI/VII*, The Classical World, 1998.

14 에릭 클라인, 류형식 번역,《고대 지중해 세계사: 청동기 시대는 왜 멸망했는가》, 소와당, 2017.

15 Dafna Langgut et al., *Vegetation and Climate Changes during the Bronze and Iron Ages (~3600–600 BCE) in the Southern Levant Based on Palynological Records*, Radiocarbon, 2015.

16 Bo Gräslund·Neil Price, *Twilight of the Gods? The 'Dust Veil Event' of AD 536 in Critical Perspective*, Antiquity, 2012.

17 José M. García-Ruiz et al., *Transhumance and Long-Term Deforestation in the Subalpine Belt of the Central Spanish Pyrenees: An Interdisciplinary Approach*, CATENA, 2020.

18 Ana Crespo Solana, *Wood Resources, Shipbuilding and Social Environment: The Historical Context of the ForSEAdiscovery Project*, Skyllis, 2015 .

19 1600년 초 페루 안데스 산맥에서 발생한 우아이나푸티나(Huaynaputina) 화산의 폭발 때문일 것으로 추론했다. M. Génova, *Extreme Pointer Years in Tree-Ring Records of Central Spain as Evidence of Climatic Events and the Eruption of the Huaynaputina Volcano (Peru, 1600 AD)*, Climate of the Past, 2012.

20 알카소바스 조약(1479)에 따르면 스페인은 카나리아 제도를 확보하는 대신 포르투갈은 마데이라, 아조레스 제도, 카보베르데 등을 영유하며, 카나리아 제도 남쪽에 있는 아프리카와의 무역권을 독점할 수 있었다. 문제는 당시 세계관에서 카나리아 제도 남쪽엔 아프리카만 있을 뿐 아메리카가 없었다는 점이다. 콜럼버스는 이 사각지대를 교묘하게 파고든 셈이다. 결국 갈등이 격화되면서 양국은 토르데시야스 조약(1494)을 맺어 브라질을 제외한 아메리카는 스페인에게 귀속되도록 했다.

21 주경철,《크리스토퍼 콜럼버스》, 서울대학교출판문화원, 2020.

22 조영헌,《대운하시대: 1415~1784 중국은 왜 해양진출을 '주저'했는가?》, 민음사, 2021.

23 《명종실록》 18년 2월 5일.

24 《인조실록》 2년 3월 5일.

25 《인조실록》 8년 1월 28일.

26 김동욱, 〈17세기 조선조 궁궐 내전(內殿) 건물의 실내구성에 관한 연구〉, 대한건축학회 논문집, 1992.

27 송기호,《한국 온돌의 역사》, 서울대학교출판문화원, 2019.

28 《태종실록》 17년 6월 8일.

29 《승정원일기》 영조 11년 3월 20일.

30 《승정원일기》 영조 11년 5월 14일.

31 《八幡愚童訓》. 가마쿠라 시대 후기 신앙에 관한 설화가 담겨 있다.

32 《고려사》 원종 7년 11월 25일.

33 《日蓮聖人註畫讚》.

34 J. D. Woodruff et al., *Depositional Evidence for the Kamikaze Typhoons and Links to Changes in Typhoon Climatology*, Geology, 2015.

35 Stefan Brönnimann·Daniel Krämer, *Tambora and the "Year Without a Summer" of 1816: A Perspective on Earth and Human Systems Science*, Geographica Bernensia, 2016.

36 《이코노미스트》 2015년 4월 11일.

37 C. S. Zerefos et al., *Further Evidence of Important Environmental Information Content in Red-to-Green Ratios as Depicted in Paintings by Great Masters*, Atmospheric Chemistry and Physics, 2014 Atmospheric Chemistry and Physics, 2014.

38 Kim Sungwoo, *Successive Volcanic Eruptions (1809–1815) and Two Severe Famines of Korea (1809–1810, 1814–1815) Seen Through Historical Records*, Climatic Change, 2023.

39 《헌종실록》 14년 12월.

40 박구병, 〈미국 포경선원의 한국영토 상륙과 한국인과의 접촉에 관한 연구〉, 아세아연구, 1995.

41 스탠 콕스, 추선영 번역, 《여름전쟁: 우리가 몰랐던 에어컨의 진실》, 현실문화, 2013.

42 김일년, 〈미국 공화당은 어떻게 괴물이 되었나?: 리처드 닉슨과 남부 전략의 운명〉, 역사비평, 2024.

43 이전에 우드로 윌슨(버지니아)과 드와이트 아이젠하워(텍사스)가 남부에서 출생하긴 했지만, 두 사람은 남부에서 정치 경력을 쌓지는 않았다.

44 Alan Cooper et al., *A Global Environmental Crisis 42,000 Years Ago*, Science, 2021.

45 Alan Cooper et al., 위의 논문.

46 Peter·Susanne Ditlevsen, *Warning of a forthcoming collapse of the Atlantic meridional overturning circulation*, Nature Communications, 2023

47 Levke Caesar·Stefan Rahmstorf et al., *Observed Fingerprint of a Weakening Atlantic Ocean Overturning Circulation*, Nature, 2018.

48 이들은 향후 100년 안에 북대서양 해류가 일시적으로 멈추거나 부분적으로 붕괴할 '확률'을 15%라고 내다봤다. Daniele Castellana et al., *Transition Probabilities of Noise-induced Transitions of the Atlantic Ocean Circulation*, Scientific Reports, 2019.

49 Andrew W. Froehle·Steven E. Churchill, *Energetic Competition Between Neandertals and Anatomically Modern Humans*, PaleoAnthropology, 2009.

50 Jette Arneborg et al., *Change of Diet of the Greenland Vikings Determined from Stable Carbon Isotope Analysis and ^{14}C Dating of Their Bones*, Radiocarbon, 1999.

예술로 보는 기후 이야기

초판 1쇄 발행 2026년 4월 29일

지은이 유성운
펴낸이 김현종
기획총괄 배소라 **출판본부장** 안형태
편집 최세정 진용주 김남혁 황정원 김수진 장진경
디자인 조주희 김연주 **마케팅** 김예리 신잉걸
방송사업·미래전략본부 정태준 문상철 이주리 백범선 남궁주철 김대준

펴낸곳 (주)메디치미디어
출판등록 2008년 8월 20일 제300-2008-76호
주소 서울특별시 중구 중림로7길 4
전화 02-735-3308 **팩스** 02-735-3309
이메일 medici@medicimedia.co.kr **홈페이지** medicimedia.co.kr
페이스북 medicimedia **인스타그램** medicimedia
유튜브 medici_media

ISBN 979-11-5706-555-4 (03900)